ED RUSCHA | LOS ANGELES APARTMENTS

ED RUSCHA
LOS ANGELES APARTMENTS

STEIDL | kunstmuseum basel

Contact sheet for *Some Los Angeles Apartments*, 1965
Abzug auf Silbergelatinepapier und Markierungen in Wachs

ED RUSCHA
LOS ANGELES APARTMENTS

CHRISTIAN MÜLLER

kunstmuseum basel, kupferstichkabinett | STEIDL

Das Buch erscheint anlässlich der Ausstellung:
Ed Ruscha. Los Angeles Apartments
Kunstmuseum Basel, Kupferstichkabinett
8. Juni – 29. September 2013

Kunstmuseum Basel
Direktor: Bernhard Mendes Bürgi
Kaufmännischer Direktor: Stefan Charles
Leiter des Kupferstichkabinetts: Christian Müller
Ausstellungskurator: Christian Müller
Registrar: Margareta Leuthardt
Restauratorische Betreuung: Chantal Schwendener,
Caroline Wyss, Kristin Bucher
Photos: Martin P. Bühler
Presse- und Öffentlichkeitsarbeit: Christian Selz
Ausstellungsaufbau: Stefano Schaller, Claude Bosch,
Andreas Schweizer
Deutsches Lektorat: Jürgen Geiger, Stuttgart

Bildnachweis:
Gagosian Gallery (Kat. 1 und 30)
Kunstmuseum Basel, Martin P. Bühler (Kat. 31–55)
Steidl Verlag Göttingen (Kat. 24, 25, 27–29, 56–73 und
Abb. S. 12, 15, 44, 45, 50, 51, 56 und 133)
Digital Image © Whitney Museum of American Art, N.Y.
(Kat. 2–19 und 26; Abb. S. 105, 112, 115, 123, 131, 135 und 140)
Abbildung auf dem Einband: Ed Ruscha, *Doheny Drive*, 1965 (Kat. 57)

Kunstmuseum Basel
St. Albangraben 16
CH-4010 Basel
Tel.: +41 (0)61 206 6262
Fax: +41 (0)61 206 6252
www.kunstmuseumbasel.ch

Erste Auflage 2013

Das Copyright aller Werke von Ed Ruscha liegt beim Künstler:
© Ed Ruscha

© Kunstmuseum Basel, der Autor, die Übersetzerin
und Steidl Publishers 2013

Alle Rechte vorbehalten. Kein Teil dieses Buches darf in irgendeiner
Form (Druck, Fotokopie oder einem anderen Verfahren) ohne
schriftliche Genehmigung des Verlages reproduziert oder unter
Verwendung elektronischer Systeme verarbeitet werden.

**Die Ausstellung wird unterstützt von IWB Industrielle Werke Basel
und der Stiftung für das Kunstmuseum Basel**

Buchgestaltung: Steidl design / Sabine Hahn
Scans: Steidl's digital darkroom
Gesamtherstellung und Druck: Steidl, Göttingen

Steidl
Düstere Str. 4 / 37073 Göttingen
Tel. +49 551 49 60 60 / Fax +49 551 49 60 649
mail@steidl.de
www.steidl.de

ISBN 978-3-86930-700-8
Printed in Germany by Steidl

INHALT

LEIHGEBER 8

VORWORT 9

ED RUSCHA, LOS ANGELES APARTMENTS 11

    FRÜHE PHOTOGRAPHIEN UND PHOTOBÜCHER 11

    LARGE TRADEMARK WITH EIGHT SPOTLIGHTS
    UND *STANDARD STATION, AMARILLO, TEXAS* 46

    HOLLYWOOD 64

    LOS ANGELES APARTMENTS 67

    DIE ZEICHNUNGEN 102

    ZUSAMMENFASSUNG 149

BIOGRAPHIE ED RUSCHA 155

**KATALOG DER AUSGESTELLTEN WERKE
UND WEITERE ABBILDUNGEN** 157

LEIHGEBER

THE CLEVELAND MUSEUM OF ART, CLEVELAND

COURTESY GAGOSIAN GALLERY

HIRSHHORN MUSEUM AND SCULPTURE GARDEN,
SMITHSONIAN INSTITUTION, WASHINGTON D.C.

DONALD B. MARRON, NEW YORK

THE MUSEUM OF MODERN ART, NEW YORK

NATIONAL GALLERY OF ART WASHINGTON, WASHINGTON D.C.

PRIVATE COLLECTION

ED RUSCHA

TATE MILLBANK, LONDON

TATE AND NATIONAL GALLERIES OF SCOTLAND

WHITNEY MUSEUM OF AMERICAN ART, NEW YORK

VORWORT

Mit dem Erwerb von neun Vorzeichnungen für die bildmäßig in Graphit ausgearbeiteten Zeichnungen von *Los Angeles Apartments* aus dem Jahr 1965 und dem Ankauf eines Sets der 2003 edierten 25 Schwarzweißphotographien zum selben Thema war das Fundament für die Ausstellung *Ed Ruscha. Los Angeles Apartments* gelegt. Naheliegend erschien es, möglichst viele der zehn heute in amerikanischen Museen und Privatsammlungen befindlichen *Los Angeles Apartments* den vorbereitenden Studien an die Seite zu stellen.
Ausgangspunkt für die ausgearbeiteten Zeichnungen waren Schwarzweißphotographien, die Ruscha 1965 im Hinblick auf sein im selben Jahr erschienenes Photobuch *Some Los Angeles Apartments* angefertigt hatte. Negative der Photographien von 1965 verwendete er auch für die 2003 erschienene Edition unter dem Titel *Twentyfive Apartments*. Ruschas Arbeitsweise kann im unmittelbaren Nebeneinander der verschiedenen Medien besonders gut veranschaulicht werden. Ergänzt wird das Thema der Apartments durch eine Gruppe von 1962 im Kontext des Photobuches *Twentysix Gasoline Stations* entstandenen Photographien sowie durch Zeichnungen zu den Gemälden *Large Trademark with Eight Spotlights* von 1962 und *Standard Station, Amarillo, Texas* von 1963. Mit ihrer Darbietung der Motive aus extremen Perspektiven und ihren ausgeprägten Querformaten greifen diese großformatigen Gemälde Strategien der Photographie und des Filmes auf. Als realistische und zugleich abstrakte Bilder mit einer reduzierten Palette in den wiederkehrenden Grundfarben Gelb, Rot und Blau sind sie längst zu Ikonen der amerikanischen Pop Art geworden.
Allen Leihgeberinnen und Leihgebern, die ihre kostbaren Werke für die Dauer unserer Ausstellung zur Verfügung gestellt haben, danke ich sehr für ihre Großzügigkeit. Mit Dank hervorheben möchte ich auch die bereichernde Zusammenarbeit mit Ed Ruscha und seiner Assistentin Mary Dean, ferner Lisa Turvey, Robert Dean, der Gagosian Gallery in New York, Bob Monk, der Gagosian Gallery in Los Angeles, Leta Grzan und last but not least Philomene Magers von Sprüth Magers Berlin London.

Christian Müller

ED RUSCHA, LOS ANGELES APARTMENTS

FRÜHE PHOTOGRAPHIEN UND PHOTOBÜCHER

Ed Ruscha, der als Maler, Zeichner, Photograph, Filmemacher und Graphiker tätig ist, hat von 1963 an bis in die siebziger Jahre sechzehn Photobücher geschaffen. Nicht nur diese Bücher mit reproduzierten Photographien, auch das Wiederaufgreifen von Aufnahmen aus den sechziger Jahren für Editionen, die sich aus Abzügen von Originalnegativen zusammensetzen,[1] lassen Fragen nach der Bedeutung aufkommen, die der Künstler diesem Medium beimißt. 1965 sagte Ruscha dazu in einem Interview: »Vor allem sind die Photographien, die ich verwende, nicht in irgendeinem Sinne künstlerisch. Ich glaube, daß die Photographie als eine Form der Kunst tot ist. Ihr einziger Ort ist der Kommerz, wo sie technischen Zwecken dient oder der Information.«[2] In einem späteren Interview aus dem Jahr 2003 äußerte er sich zu der Frage, ob er denn seine Photographien heute als Kunstwerke ansehe: »Ja, weil sie einen Zeitfaktor besitzen, der bewirkt, daß ich sie anders empfinde, vielleicht auch weil sie so alt aussehen. Sie sind ja auch alt. Sie stammen aus den sechziger Jahren. Es sind Objekte für sich. Trotzdem war meine Einstellung zur Kamera – damals wie heute noch – einfach nur die, daß sie ein Gerät sei, um Bilder zu machen.«[3]

3327 Division (Sun-Maid/Ford), 1962
Tinte und Graphit auf Papier

Während seiner Ausbildung am Chouinard Art Institute (heute California Institute of the Arts) in Los Angeles, das er besuchte, weil er Werbegraphiker werden wollte, hatte Ruscha neben Kursen in Malerei auch solche im Fach Photographie belegt. Sie vermittelten ihm Kenntnisse über die Geschichte des Mediums und seine herausragendsten Repräsentanten in Europa und Amerika, unter ihnen Eugène Atget, Walker Evans, Robert Frank, László Moholy-Nagy und Man Ray. Hier erhielt Ruscha grundlegende Kenntnisse über die Handhabung einer Kamera und das Arbeiten im Photolabor. 1956, das Jahr, in dem er ans Chouinard Art Institute gegangen war, hatte er sich auch eine zweiäugige Spiegelreflexkamera der Marke Yashica im Mittelformat von sechs auf sechs Zentimeter gekauft.[4]

Während einer Reise durch Europa im Jahr 1961 machte Ruscha über 400 Aufnahmen, ohne den Anspruch zu haben, Kunstphotographien zu schaffen; die Abzüge entstanden teilweise erst nach der Rückkehr.[5] Manche wirken wie Schnappschüsse, andere hingegen lassen ein wohlüberlegtes Vorgehen erkennen. Dazu gehören Aufnahmen von Schaufenstern in Paris, deren Ausgestaltungen besonders skurril wirkten. Was Ruscha immer wieder ansprach, war das Fragmentarische, das er oft in der Zurschaustellung der Objekte vorfand, oder die Wiederholung verwandter Gegenstände in stillebenartigen Ansammlungen, wie sie für die Präsentation von Waren charakteristisch ist. Hinzu kamen surreale Erscheinungsbilder, deren Effekt darauf beruhte, daß die Gegenstände aus ihrem Lebenszusammenhang herausgelöst oder sogar, wie bei zwei Schweineköpfen im Schaufenster eines Metzgerladens, buchstäblich von ihm abgetrennt waren.[6] Schriften und Zeichen auf Straßen- und Verkehrsschildern, Werbung in Text und Bild an Hausfassaden oder in Schaufenstern, politische Plakate, Namensschilder von Firmen und Büros an Hauseingängen und viele andere Schriftzüge und Schrifttafeln in der urbanen oder ländlichen Öffentlichkeit: all dies faszinierte Ruscha als ein Vorkommen unterschiedlichster Typographien.[7]

Bei den Photographien von dieser Reise und entsprechenden Zeichnungen ist häufig der dokumentierende Blick von oben auf eine flache Bildunterlage, im wörtlichen Sinne einen Grund, bestimmend.[8] Er reduziert das plastische Volumen der Gegenstände, die dann wie Zeichen in Erscheinung treten. Diesem Vorgehen nicht unähnlich ist Ruschas Vorliebe für die Frontalität von Motiven, denn auch hier wird die Raumtiefe reduziert. Fahrzeuge hat er immer wieder so aufgenommen, daß die Front, gleichsam das Gesicht des Autos, oder aber seine Rückseite, zu sehen ist, die wirkliche Gestalt und Größe jedoch nicht erkennbar wird. Vergleichbar sind solche Aufnahmen der Autosilhouette auf einem Verkehrsschild, das

Ruscha ebenfalls photographiert hat.[9] Das flächige Schild wie auch die Ansichten realer Autos halten in diesen Photographien den Blick in die Tiefe einer Straße oder einer Landschaft auf. Das Fahrzeug steht jeweils frontal im Vordergrund, als wolle es uns zurückweisen, und das gilt auch für die auf eine Hauswand großflächig aufgesetzte Werbung zur Ankündigung einer Tankstelle des französischen Mineralölunternehmens Total in bestimmter Entfernung.[10]

Unmittelbar nach seiner Rückkehr aus Europa, noch 1961, hat Ruscha eine Reihe von Schwarzweißphotographien aufgenommen, die er erst 1999 unter dem Titel *Product Still Lifes* edieren sollte.[11] Wiedergegeben sind Produkte des täglichen Gebrauches, die in Konservendosen, Flaschen oder Pappbehältern gehandelt werden, mit Aufschriften, Bildern und Symbolen. Dazu gehört die Fleischkonserve Spam, die Seife Maja Soap, Putz- und Waschmittel wie Wax Seal, Car Polish, Oxydol, Rubbing Compound oder Turpentine sowie Sun Maid Seedless Raisins und anderes mehr. Durch die frontale, dokumentierende Aufnahmeweise werden die Konturen der Gegenstände betont. Vorder- und Hintergrund sind unscharf wiedergegeben, und die Gegenstände, die exakt in die Mitte gerückt sind, dabei Schatten nach links hinten werfen, treten wie magische Erscheinungen hervor. Nur bei genauerem Hinsehen wird deshalb erkennbar, daß die Spam-Konservendose nicht rund ist, sondern einen rechteckigen Querschnitt mit abgerundeten Ecken aufweist.

Ruschas Hinwendung zu alltäglichen, kommerziellen Gegenständen ist auch vor dem Hintergrund seiner Ausbildung am Chouinard Art Institute zu sehen. Dort wurde der Abstract Expressionism favorisiert, welcher dem spontanen Malakt besonderes Gewicht beimaß. Ruscha hingegen lag eher das planvolle Arbeiten, das ein Konzept voraussetzte. Große Wirkung auf ihn hatte das 1955 entstandene Gemälde *Target with Four Faces* von Jasper Johns, das er 1957 zum erstenmal gesehen hatte, und zwar als Schwarzweißreproduktion in der Zeitschrift *Print*.[12] Das Werk faszinierte ihn wegen der Klarheit seiner frontal ausgerichteten Komposition, der Verwendung eines als Objekt und Bild bereits existierenden Motivs in einem das Objekt real reproduzierenden Bild, des differenzierten Farbauftrags und der Kombination verschiedener Techniken. Aber auch andere Künstler wie Robert Rauschenberg, Wallace Berman, Bruce Conner, George Herms oder Edward Kienholz, die sich auf dem Gebiet der Assemblage hervorgetan und in der 1957 von Kienholz und Walter Hopps in Los Angeles gegründeten Ferus Gallery eine Bühne gefunden hatten, auf der später auch Ruscha auftreten sollte,[13] weckten sein Interesse. Dies verdeutlichen nicht nur collageartige Kombi-

Actual Size, 1962
Öl auf Leinwand

nationen von Motiven aus eigenen Photographien in Zeichnungen wie *3327 Division (Sun-Maid/Ford)* von 1962 (Abb. S. 12), denn bereits während seiner Zeit am Chouinard Art Institute hatte sich Ruscha selbst auf das Gebiet der Assemblage gewagt. Frühe Gemälde wie *Sweetwater*, vollendet 1959 (Dean P1959.04), oder *Dublin* von 1960 (Dean P1960.04) vereinen gestische Einsätze im Sinne des Abstract Expressionism mit vorgefundenen Bildmotiven und vorgeformter Typographie, die allerdings malerisch in Öl oder Druckfarbe umgesetzt sind. *Dublin* beruht freilich auf einer veritablen Collage, und in das im selben Jahr entstandene Gemälde *Three Standard Envelopes* sind Briefumschläge und ein Zeitungsblatt als reale Versatzstücke integriert. In weiteren Collagen spielte auch damals schon gerade die Photographie eine tragende Rolle.[14]

Im Herbst 1962 nahm Ruscha an der für die Etablierung der Pop Art in Amerika legendären Ausstellung *New Painting of Common Objects* teil, die Hopps für das Pasadena Art Museum organisiert hatte. Hier befand er sich in Gesellschaft von Künstlern, die an der Ost-, aber auch der Westküste tätig waren. Sie gehörten zu den Protagonisten der Pop Art, darunter Jim Dine, Robert Dowd, Joe Goode, Phillip Hefferton, Roy Lichtenstein, Wayne Thiebaud und Andy Warhol. Zu den Werken, die Ruscha in der Ausstellung zeigte, gehörte auch sein gerade vollendetes Gemälde *Actual Size* (Abb. S. 15). Darin greift er die Bezeichnung der Fleischkonserve Spam aus seinen *Product Still Lifes* auf und setzt das Wort aus identischer Schrift und sogar in derselben gelben Farbe wie bei der realen Ware auf einen schwarzblauen Grund. Wie auf der Konservendose ist es nahe am oberen Rand plaziert, und der Grund nimmt das gesamte obere Drittel des nahezu quadratischen Bildfelds ein. Im hell gelassenen Bereich des unteren Gemäldeteils, der mit Farbspritzern versehen ist, die an gestische Malerei denken lassen, fliegt eine Spam-Dose in Originalgröße in diagonaler Richtung nach unten. Sie zieht wie ein Komet oder eine Sternschnuppe einen gelben Feuerschweif seitlich nach sich. Indem Ruscha auf diese Weise sein Bestreben erkennbar werden läßt, mit der Größe der Konservendose der Wirklichkeit möglichst nahe zu kommen, sie als ein Objekt erscheinen zu lassen, das so vorgeprägt ist, macht er zugleich bewußt, wie klein sie tatsächlich im Vergleich zum Bild ist. Damit konnte er ironisch den Wunsch nach Herstellung einer dem Bildformat entsprechenden, viel größeren Spam-Dose zum Ausdruck bringen. Der Feuerstrahl ist durchaus mehrdeutig, er könnte auf den Inhalt der Dose anspielen, verstanden als ein Energieträger oder -lieferant, und dadurch – nicht minder ironisch – eine Beziehung zwischen der Farbe der Warenbezeichnung und dem Produkt selbst herstellen. Vielleicht stürzt diese Dose aber

auch wie ein in Brand geratener Flugkörper ab und nimmt schon einen der bedrohlichen Ereignisse vorweg, die Ruscha wenig später mit seinen brennenden Tankstellen (Dean P1964.08, P1966.02 und P1968.12) und dem brennenden Los Angeles County Museum dargestellt hat (Dean P1968.11). *Actual Size* entstand im selben Jahr wie Warhols Folge von 32 auf Leinwand ausgeführten Siebdrucken mit dem sich wiederholenden Motiv einer Suppenkonserve der Marke Campbell, die 1962 in der Ferus Gallery gezeigt wurden.[15] Diese Dosen enthalten der Aufschrift nach Suppen verschiedener Geschmacksrichtungen, treten äußerlich aber durch ein identisches Design in Erscheinung.
Von Künstlern des Dadaismus und Surrealismus wie Marcel Duchamp, Francis Picabia oder Kurt Schwitters erfuhr die Pop Art wesentliche Einflüsse. Werke von Duchamp hatte Ruscha bereits in Paris gesehen. 1963 besuchte er die Eröffnung einer Duchamp-Retrospektive im Pasadena Art Museum. Diese ebenfalls von Hopps organisierte Ausstellung bot die erste umfassende Präsentation vom Schaffen des Künstlers in den Vereinigten Staaten. Vor allem die Idee des Readymade hatte Ruscha angesprochen. Dazu äußerte er sich 1981 im Rückblick auf sein erstes, 1963 erschienenes Photobuch *Twentysix Gasoline Stations* (Kat. 1) mit Reproduktionen von größtenteils auf Reisen zwischen Los Angeles und Oklahoma aufgenommenen Tankstellenphotos (Kat. 2–19):

> »Das Readymade war für mich eine Richtschnur in der Frage, was man ein Kunstwerk nennen darf. Es ist nicht unbedingt so, daß der Künstler die Freiheit besitzt, alles x-Beliebige als Kunstwerk zu bezeichnen. Und dann gab es noch einen zweiten Aspekt, der mich am Readymade interessierte. Dabei ging es um die Erweiterung dieses Begriffes in den Bereich der Photographie. Statt einfach hinzugehen und eine Tankstelle Kunst zu nennen, nenne ich deren Photographie Kunst. Aber es ist nicht eigentlich die Photographie das Kunstwerk, die Tankstelle ist es. Die Photographie steht nur für die Tankstelle. Die Photographie an sich bedeutet mir nichts, die Tankstelle ist das Entscheidende.«[16]

Sowohl hinsichtlich der kleinen Formate der Bücher, die etwa achtzehn auf vierzehn Zentimeter messen, des unprätentiösen Erscheinungsbildes und der in den Büchern reproduzierten Photographien von Alltagsthemen und Alltagsgegenständen hatten Ruschas Photobücher eine irritierende, durchaus beabsichtigte subversive Wirkung.[17] Sie schienen sich zwar in die Tradition des ästhetisch gestalteten Photobuchs und der Kunstphotographie zu stellen, weckten jedenfalls eine solche Erwartung, Ruschas Absicht war es jedoch, den Büchern das Aussehen kommerziell hergestellter Objekte zu geben: »Das Endprodukt hat einen sehr kommerziellen und professionellen Charakter. Dagegen sind mir handgedruckte Publikationen und das ganze Drumherum ehrlich gesagt nicht sympathisch.«[18] Tatsächlich weigerte sich die Library of Congress in Washington 1964, die *Twentysix Gasoline Stations* als Geschenk des Künstlers in ihren Bestand aufzunehmen.[19]

Ruschas Photobücher lassen sich als Bildersammlungen interpretieren, deren Zusammenstellung oft eine Beliebigkeit in der Auswahl und in der Abfolge erkennen läßt. Suggeriert wird durch leergelassene Seiten zugleich die Möglichkeit einer Erweiterung. Das kommt auch in den Titeln der Bücher zum Ausdruck, welche spielerisch durch die Nennung von konkreten Zahlen oder durch vorangestellte Attribute wie *Various*, *Some* oder *A Few* auf das Vorhandensein einer wesentlich größeren Reserve von Motiven hinzudeuten scheinen, von der die Bücher nur einen Ausschnitt zeigen.[20] Noch pointierter lassen sich Ruschas Photobücher auch als »Behälter« von Kunstwerken in eine archivarische Tradition stellen, wie sie innerhalb der Kunst des 20. Jahrhunderts Marcel Duchamp mit seiner 1935–1941 geschaffenen *Boîte-en-valise* angestoßen hat, in der er verkleinerte Reproduktionen von eigenen Werken und Readymades sowie Photographien aufbewahrte, um damit variabel Ausstellungssituationen inszenieren zu können.[21] Durch diesen Vergleich fällt Licht auf Ruschas Betonung des Objektcharakters seiner Bücher, die er immer wieder in Zeichnungen, Photographien und druckgraphischen Werken als plastische Gebilde, wie Skulpturen oder Architekturen in den Raum eingreifend oder in ihm schwebend, dargestellt hat; dazu gehört in photographischen Werken auch ein Zeigen der Benutzung oder Handhabung eines Exemplars oder eines Blätterns in ihm.[22] Beatrice von Bismarck spricht in diesem Zusammenhang von einer »Verräumlichung des Buches zum Sammlungsgehäuse«.[23]

War schon die Auswahl der Motive irritierend, dann noch mehr deren Wiedergabe in den anspruchslos in Erscheinung tretenden Photographien selbst, die wie Schnappschüsse wirken und ohne besondere Sorgfalt hinsichtlich der Komposition aufgenommen sind. Gleichzeitig aber legen die der vorangestellten Mengenangabe folgenden qualifizierenden Bestimmungen des jeweiligen Buchtitels und das Beharren auf einem Thema durchaus ein Konzept nahe, dem Motivwahl und Gestaltung zu entsprechen scheinen. Das Provozierende lag dabei vor allem in einer kulturkritischen Dimension, wie sie Jeff Wall beschrieben hat: »Das Anästhetische, der Grenzbereich des Künstlerischen, erscheint in dieser Konstruktion eines phantomhaften Produzenten, der nicht vermeiden kann, die Zeichen der Indifferenz sichtbar zu machen, durch welche die Moderne in einer, oder als eine, freie Gesellschaft zum Ausdruck kommt.«[24] Obwohl sich Ruscha nie als Vertreter der Conceptual Art verstand, hatten seine Photobücher einen weitreichenden Einfluß auf Künstler und Photographen wie Dan Graham, Robert Smithson oder Bernd und Hilla Becher bis hin zu Andreas Gursky und Thomas Struth, die seriell und konzeptuell arbeiteten.[25]

1

Twentysix Gasoline Stations, 1963
Buch, 48 Seiten mit 26 Reproduktionen von Photographien
Offsetdruck in Schwarz auf weißem Papier

Save, Flagstaff, Arizona, 1962
Abzug auf Silbergelatinepapier

3
Fina, Amarillo, Texas, 1962
Abzug auf Silbergelatinepapier

4
Phillips 66, Grants, New Mexico, 1962
Abzug auf Silbergelatinepapier

5
Self Service, Milan, New Mexico, 1962
Abzug auf Silbergelatinepapier

Bob's Service, Los Angeles, California, 1962
Abzug auf Silbergelatinepapier

7
Standard, Rimmy Jim's, Arizona, 1962
Abzug auf Silbergelatinepapier

Union 76, Holbrook, Arizona, 1962
Abzug auf Silbergelatinepapier

9
Standard, Figueroa Street, Los Angeles, 1962
Abzug auf Silbergelatinepapier

Conoco, Albuquerque, New Mexico, 1962
Abzug auf Silbergelatinepapier

11
Fina, Tucumcari, New Mexico, 1962
Abzug auf Silbergelatinepapier

12
Phillips 66, Flagstaff, Arizona, 1962
Abzug auf Silbergelatinepapier

13
Conoco, Shamrock, Texas, 1962
Abzug auf Silbergelatinepapier

14
Shell, Daggett, California, 1962
Abzug auf Silbergelatinepapier

15
Mobil, Gallup, New Mexico, 1962
Abzug auf Silbergelatinepapier

16
Mobil, Kingman, Arizona, 1962
Abzug auf Silbergelatinepapier

17

Bay Oil Service, near Grants, New Mexico, 1962
Abzug auf Silbergelatinepapier

18
Standard Station, Amarillo, Texas, 1962
Abzug auf Silbergelatinepapier

19

Beeline Gas, Holbrook, Arizona, 1962
Abzug auf Silbergelatinepapier

Im Photobuch *Twentysix Gasoline Stations* (Kat. 1) zeigt sich Ruschas Interesse an der Landschaft oder Stadtlandschaft von Los Angeles und Umgebung, den Straßen und dem Thema des Autos als unverzichtbarem Verkehrsmittel. So erinnern die Aufnahmen auch an eine Art Reisetagebuch oder eine Photoreportage, die eine Bewegung des Photographen mit dem Auto voraussetzt. Schon 1961 hatte Ruscha von erhöhtem Standpunkt aus, dem Dach eines Gebäudes an der Kreuzung von Flores Street und Beverly Boulevard, Photographien auf Hausdächer und über diese hinweg auf Straßen und die umgebende Stadt gemacht. Er folgte hier der alten Idee einer panoramatischen Rundsicht von 360 Grad, die von einem einzigen Standpunkt aus aufgenommen ist, aber dennoch eine Bewegung des Betrachters und Photographen impliziert. Die vier Aufnahmen der *Roof Tops* wurden im Jahr 2004 durch Patrick Painter erstmals als Edition veröffentlicht.[26] Sie bilden eine Art Vorstufe zu denjenigen Photobüchern Ruschas, die sich mit der Architektur des Los Angeleser Stadtraums beschäftigen. Dazu gehören *Some Los Angeles Apartments* von 1965 (Kat. 30), *Every Building on the Sunset Strip* von 1966 (Kat. 20 sowie Abb. S. 44 f.), *Thirtyfour Parking Lots in Los Angeles*, erschienen 1967 (Engberg B5), *Nine Swimming Pools and a Broken Glass* von 1968 (Kat. 21), *Real Estate Opportunities* von 1970 (Kat. 22) und *A Few Palm Trees* von 1971 (Engberg B13).

Ruscha hatte an den Tankstellen die immer wiederkehrenden Strukturen angesprochen. Das waren vor allem Flachdächer, welche die Autofahrer vor Regen oder auch Sonneneinstrahlung schützten, sowie die Werbe- oder Preistafeln und Stationsnamen mit ihren Schriftzügen und Symbolen. Der Name Standard etwa, auf den Ruscha in mehreren Gemälden zurückkommen sollte, steht dabei nicht nur für die Firma Standard Oil, welche eine bestimmte Form der Großtankstelle entwickelt hatte, sondern auch für ein vom Kunden zu erwartendes Angebot an Dienstleistungen. Das Zusammenwirken von Schrift und Bild hatte den Künstler schon früh beschäftigt, war er doch im Bereich der Werbegraphik tätig gewesen, und diese Verbindung sollte sein gesamtes malerisches, zeichnerisches und druckgraphisches Werk prägen und zu einem Markenzeichen seines Schaffens werden. Auch hier läßt sich eine Linie zu den Dadaisten, Surrealisten und Marcel Duchamp zurückverfolgen.[27]

Ruschas zweites Photobuch, erschienen 1964, heißt *Various Small Fires and Milk* (Kat. 23). Es ähnelt in Format und Aufmachung *Twentysix Gasoline Stations*. Im Unterschied zu den Tankstellenbildern erscheinen die Photographien jedoch noch einfacher gestaltet, denn sie sind alle in quadratischem Format jeweils auf einer rechten Seite reproduziert, während es im ersten Buch Gegenüberstellungen gegeben hat, etwa von zwei Tankstellen, die bei Nacht aufgenommen worden waren, oder Veränderungen der quadratischen Grundform in Querformate, die sogar über eine Doppelseite reichen konnten. In *Various Small Fires and Milk* wird das Ausschnitthafte betont, werden Gegenstände und besonders Köpfe unangenehm hart beschnitten, um die jeweiligen Feuer in die Mitte zu stellen und hervorzuheben. Das Buch umfaßt insgesamt sechzehn Aufnahmen. Die ersten fünfzehn mit der Darstellung von kleinen Feuern, zum Beispiel einem Gasherd mit brennender Flamme, einem brennenden, von einer Hand gehaltenen Feuerzeug, einer Frau, die an einer Zigarette zieht, Männern mit einer Zigarre oder Pfeife im Mund, einer brennenden Kerze oder einem brennenden Steichholzbriefchen (fast schon eine kleine Katastrophe, wenn man an Ruschas Gemälde *Norm's, La Cienega, on Fire* von 1964 denkt; Dean P1964.08), haben einen Lacküberzug erhalten, der einen leicht gelblich-grünen Farbton über die Schwarzweißreproduktionen legt. Dieser Ton erinnert an Photographien aus dem 19. Jahrhundert, welche aus Gründen der Alterung häufiger einen Gelb- oder Braunstich aufweisen können. Das letzte Bild hingegen zeigt ein mit Milch gefülltes Glas, das zum Trinken bereit vor einem nur teilweise sichtbaren Teller und einem Besteck steht. Es ist rein schwarzweiß gedruckt. Danach folgen etliche leergelassene Seiten. Diese Gestaltung und das in der Reihe der Feuer fremd wirkende Milchglas, das sich in der Farbigkeit von den übrigen unterscheidet und sich wie etwas später Hinzugefügtes darbietet, erzeugt beim Betrachter, beim »Leser des Buches«, eine Spannung, stellt ihn vor die Frage nach den möglichen Bedeutungen dieser »Störung«. Eine einfache Erklärung wäre es, in den leergebliebenen Seiten und in dem offensichtlich nicht zu den Feuern gehörenden Glas eine Provokation zu vermuten oder eine Lust an der Irritation des Betrachters. Zugleich erinnern diese Komponenten an die Tradition dadaistischer Bildformulierungen und Collagen, in denen unvereinbar Erscheinendes, etwa diskrepante Bilder und Schriftelemente, kombiniert werden. Jedenfalls öffnen die leeren Seiten Räume nicht nur in der Struktur des Buches, sondern auch für den Leser, der sie gedanklich füllen und die Reihe der Motive beziehungsweise die durch sie angelegte Sammlung erweitern kann.[28]

Noch radikaler findet sich diese Gestaltungsweise in Ruschas mit Reproduktionen von Farbphotographien ausgestattetem Buch *Nine Swimming Pools and a Broken Glass* von 1968 (Kat. 21). Zwischen den einzelnen *swimming pools* und nach dem *broken glass* finden sich leere Doppelseiten, am Ende immerhin zehn. Wie die Tankstellen mit einem gewissen

»Standard«, so sind auch Swimmingpools Standards, da sie häufig im Kontext von Stadthäusern von gehobener Ausstattung, aber auch von villenartigen Gebäuden in der Umgebung von Los Angeles zu finden sind. Auch hier ist die Bedeutung des nicht dazugehörenden zerbrochenen Glases unklar. Vielfältige Assoziationen ergeben sich, und es stellt sich die Frage, was Ruscha denn tatsächlich an diesen Swimmingpools interessiert hat. Bemerkenswert an den reproduzierten Farbphotographien ist, daß jeweils die Oberfläche des Wassers mit den sich darauf spiegelnden Architekturen und Pflanzen, dann die sich durch das Wasser verzerrenden Strukturen auf dem Grund der Pools wie auch die bewegte Wasseroberfläche selbst besondere Aufmerksamkeit erfahren. Die blaue Farbe kehrt schließlich beim *broken glass* wieder. Vielleicht waren ja gerade diese Oberflächen für Ruscha besonders reizvoll und nicht so sehr die Pools als architektonische Gegebenheiten. Die kurz vorher, 1967, in seinem Buch *Thirtyfour Parking Lots in Los Angeles* (Engberg B5) reproduzierten Photographien lassen ein ähnliches Interesse erkennen. Riesige Parkplätze mit ganz unterschiedlichen Umrissen, die Ruscha von einem Hubschrauber aus hat aufnehmen lassen, werden hier durch Markierungsstreifen und sich daraus ergebende Muster charakterisiert. Von den Autos selbst ist nichts zu sehen, sehr wohl aber die Ölspuren, die sie immer an denselben, über den Platz hinweg wiederkehrenden Stellen auf dem Boden hinterlassen haben.

Unter den Büchern, die sich mit der Stadt Los Angeles befassen, ragt *Every Building on the Sunset Strip* aus dem Jahr 1966 (Kat. 20) heraus. Gegenstand ist das Sunset Strip genannte Stück des Sunset Boulevard zwischen West Hollywood und Beverly Hills, eine Art Vergnügungsmeile. In seinem Buch greift Ruscha die alte, bis ins 15. Jahrhundert zurückreichende Tradition des in einem Buch aufklappbar befestigten Leporellos auf.[29] Vollständig entfaltet hat es hier eine Länge von etwas mehr als acht Metern. Auf dem Dach eines Autos hatte Ruscha nach verschiedenen Versuchen schließlich eine motorgetriebene Kleinbildkamera befestigt, mit der er die Gebäude entlang des Boulevards sukzessiv aufnehmen konnte. Er startete in östlicher Richtung, das heißt, er fuhr, ausgehend von der legendären Schwabs Pharmacie am Sunset Boulevard 8010, in Richtung Santa Monica. Er schnitt und montierte die Aufnahmen Stück für Stück und setzte sie zu einem langen Streifen zusammen. Schnittstellen sind überall sichtbar geblieben. Im Europa des 19. Jahrhunderts und dann auch in Amerika war es das Aufkommen der Eisenbahn gewesen, das eine wesentliche Motivation für die Herstellung von Panoramen gegeben hatte. Dabei spielte der Blick auf besondere Sehenswürdigkeiten immer eine große Rolle. Es ist gut vorstellbar, daß Ruscha von Panoramen des 19. Jahrhunderts angeregt wurde, die in Buchform von vergleichbarer Größe mit aufklappbarem Leporello und – wie auch bei Ruschas Werk – im Schuber geliefert wurden.[30] Die Idee zum Leporello könnte aber auch schlicht und einfach von dem Wort Strip gekommen sein, das Streifen bedeutet. Gar nicht unähnlich den Bezeichnungen von Bergen und Orten auf den Panoramen des 19. Jahrhunderts finden sich bei Ruscha Hausnummern und Straßennamen, die unter die Aufnahmen geschrieben sind und den dokumentarischen Anspruch des Werkes betonen. Die beiden Straßenseiten sind jeweils in einem das gesamte Leporello durchziehenden friesartigen Band wiedergegeben, wobei die zwei Buchfriese jeweils so gegeneinander ausgerichtet sind, daß derjenige für die Straßensüdseite oben an den Seiten entlangläuft, wenn sich das Buch in Normalposition befindet, während für die Ansicht der Nordseite das Buch auf den Kopf gedreht werden muß. Anders gesagt, bei Betrachtung des einen Frieses scheint der andere immer unten auf der Seite auf dem Kopf zu stehen. So verbleibt zwischen den beiden parallel verlaufenden Bändern ein weißer Streifen, der der mehrspurigen Straße entspricht. Man könnte sich auch einen »Miniaturleser« vorstellen, der den weißen Streifen beziehungsweise die Straße entlangläuft und dabei nach links und rechts blickt, um die Bebauung mal auf der einen, mal auf der anderen Straßenseite zu betrachten. Diese Rezeptionssituation erinnert wiederum an begehbare, architektonisch installierte Panoramen, wie sie ebenfalls im 19. Jahrhundert in Mode gekommen waren. Geht man zurück auf den »Normalleser«, so ergeben die beiden Straßenseiten kein Gesamtbild. Es bleiben zwei separate Projektionen, die abwechselnd oder sukzessive wie bei einem Bildteppich oder einer Schriftrolle abgelesen werden müssen – durch fortwährendes Drehen und Zurechtlegen des Buches. Ebenso entspricht diesem Vergleich das Erfordernis, das Leporello hinsichtlich seiner Faltung im Fortgang der Lektüre ständig zu ändern.

Der Titel des Werkes besagt, daß es bei der Wiedergabe der Gebäude keine Unterschiede hinsichtlich ihrer Bedeutung gibt, sondern – und das macht das Unternehmen als Ganzes so interessant – jedes dieselbe Aufmerksamkeit erfährt. Denn nur so gewinnt man die Vorstellung von der Komplexität des Straßenabschnitts, seiner Uneinheitlichkeit und des Nebeneinanders unterschiedlichster Bauformen. Dazu trägt auch bei, daß Ruscha die Mittagszeit für seine Aufnahmen gewählt hat, so daß die Beleuchtung verhältnismäßig einheitlich ist und die Gebäude wegen des hohen Sonnenstandes nur wenig Schatten werfen. Zugleich wird die Flächigkeit ihrer Fassaden betont. In seinem Photobuch *Then & Now:*

Camera-ready mock-up for the book *Every Building on the Sunset Strip*, 1966
Photographien (Abzüge auf Silbergelatinepapier), Tinte und Papier auf Karton
Drei Bögen, abgebildet Bogen 1 und 3

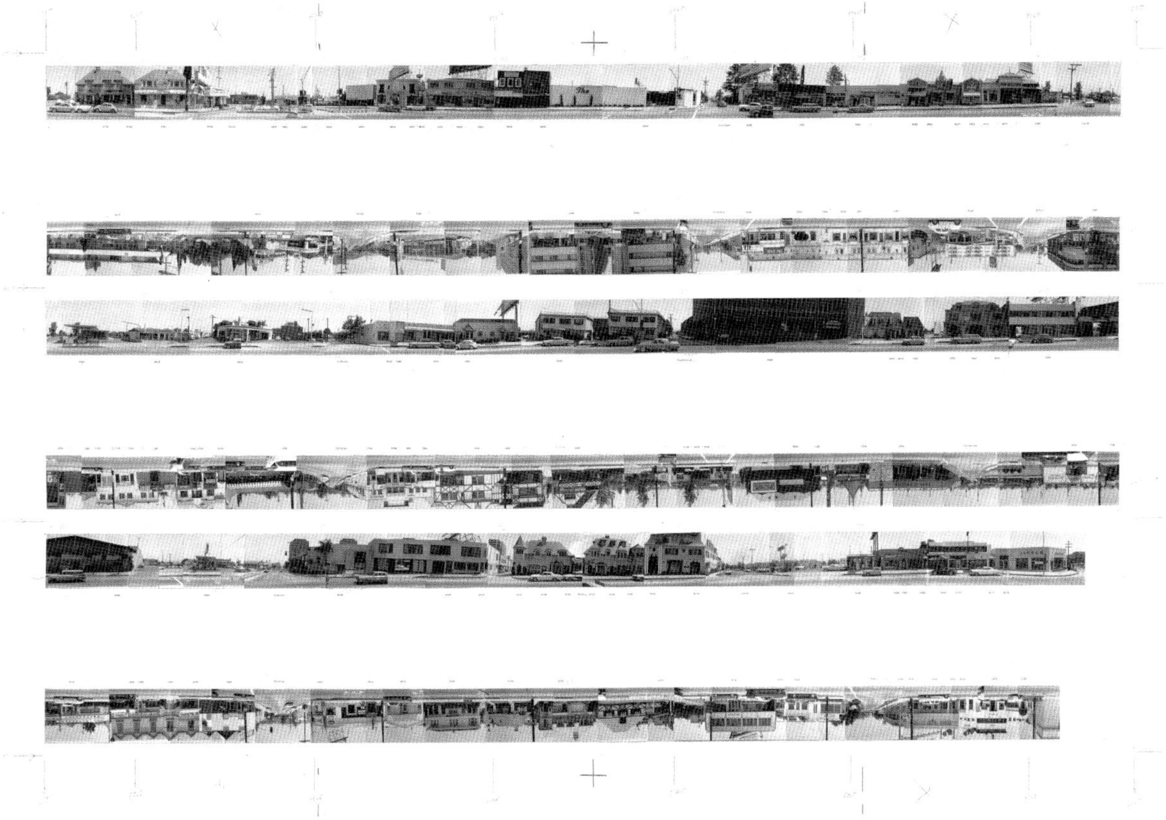

Hollywood Boulevard, 1973–2004 von 2005 und einer gleichnamigen Photoedition aus demselben Jahr befaßt sich Ruscha mit einer Parallelstraße des Sunset Boulevard. Auf eine dem Leporello von 1966 vergleichbare Weise sind Schwarzweißaufnahmen aus dem Jahr 1973 zu zwei Streifen aneinandergesetzt und zusätzlich konfrontiert mit Farbphotographien aus dem Jahr 2004 in ebenfalls parallelem Verlauf, so daß für beide Straßenseiten des Hollywood Boulevard ein direkter zeitlicher Vergleich möglich wird. Angesichts der vielen Veränderungen des Straßenbilds macht man sich bald auf die Suche nach den Dingen, die sich nicht verändert oder die eine eigenartige Resistenz bewiesen haben. So zeigen bisweilen die Bäume, insbesondere Palmen, eine größere Konstanz in ihrer Erscheinung als viele Fassaden. Andere sind ganz verschwunden, neue hinzugekommen.

LARGE TRADEMARK WITH EIGHT SPOTLIGHTS UND *STANDARD STATION, AMARILLO, TEXAS*

Noch vor der Publikation des Photobuchs *Twentysix Gasoline Stations* im Jahr 1963 (Kat. 1) hatte Ruscha begonnen, sich im Zusammenhang mit den großformatigen Gemälden *Large Trademark with Eight Spotlights* (Abb. S. 50) und *Standard Station, Amarillo, Texas* (Abb. S. 51), die er 1962 beziehungsweise 1963 vollenden sollte, zeichnend mit denselben Themen zu beschäftigen. In der Ausstellung sind Beispiele von Vorstudien (Kat. 24–27 sowie Abb. S. 52–56) sowie eine dreiteilige Arbeit auf Papier zu sehen, in der Ruscha 1963 das Gemälde *Large Trademark with Eight Spotlights* in drei verschiedenen Schrägansichten wiedergibt (Kat. 28). *Large Trademark with Eight Spotlights* beruht motivisch auf dem Firmenlogo des Filmstudios 20th Century Fox. Wie andere Unternehmen dieser Branche hat es im Stadtteil Century City seinen Sitz. Das Motiv des Logos besteht aus einer schwergewichtigen, monumentalen Skulptur – man könnte auch von einer Architektur sprechen –, die Formelemente des Art déco aufweist. Zahlen und Buchstaben bestimmen ihre Gestalt. Das Gebilde könnte auf dem Dach eines hohen, über Los Angeles aufragenden Gebäudes stehen. Die Schrägstellung im Gemälde mit stark fluchtenden Kanten steigert noch den Eindruck seiner Monumentalität. Lichtkegel von Scheinwerfern, die in den dunklen Himmel strahlen, setzen es zusätzlich dramatisch in Szene. Sein üblicher »Auftritt« im Vorspann von Filmen wird von der sogenannten Fox Fanfare begleitet. Dies ist insofern nicht unwichtig, als Ruscha für seine Schriftbilder immer wieder Mottos oder Wörter gewählt hat, die er auditiv kennengelernt hatte, zum Beispiel auch, wenn sie ihm zufällig zugetragen wurden.[31]

Das Querformat der beiden Gemälde *Large Trademark with Eight Spotlights* und *Standard Station, Amarillo, Texas* nimmt durchaus Bezug auf die seit den fünfziger Jahren mehr und mehr aufkommenden Breitwandfilme im Cinemascope-Format, an deren Entwicklung 20th Century Fox wesentlich beteiligt war. »Ich bin durch den Film beeinflußt, insbesondere durch die Panoramawirkung der Breitwand. Mein Werk hat viel mit dem Breitwandfilm zu tun.«[32] In Cinemascope-Filmen steht das Fox-Logo als kompaktes Gebilde in der Mitte des breiten Bildformats, es ist schräg gestellt, so daß der Blick auf die rechte Seite und die rechte vordere Ecke fällt. In seinem Gemälde hat Ruscha die Front des Logos an den linken Bildrand gerückt und dadurch der stark überzeichneten rechten Seite des Gebildes eine erhöhte Präsenz verliehen. Ihre diagonal von rechts unten nach links oben (oder umgekehrt) verlaufende Oberkante bildet eine dominante Achse, welche das Bild förmlich in zwei Hälften teilt. Damit hatte Ruscha eine Bildform entwickelt, die er im Sinne einer Hollywoodisierung[33] auf andere Motive übertragen konnte. Dasselbe Motiv hat er jedoch auch bei Zeichnungen und Gemälden in wesentlichen Elementen immer wieder aufgegriffen, wenngleich die Unterschiede zum Vorbild jeweils sehr augenfällig sind.

Beim hier in Rede stehenden Gemälde besteht das Logo aus einer sich nach links und rechts hin verkürzenden Architektur. Sie ist übereck gestellt, so daß der Blick des Betrachters auf die vorspringende Ecke fällt. Der vom Künstler suggerierte tiefe Betrachterstandpunkt, der sich unterhalb des Bildes befindet, verschleiert die räumlichen Verhältnisse und läßt die Tiefenerstreckung der Architektur nicht meßbar werden. Der in der rechten unteren Ecke befindliche Fluchtpunkt für die seitlich nach hinten verlaufenden Kanten ist daher illusionistisch in seiner Distanz zur Bildfläche nicht bestimmbar. Außer *Standard Station, Amarillo, Texas* und den druckgraphischen Versionen des Motivs (Engberg 5 und 30–33) zeigen auch andere Gemälde wie *Norm's, La Cienega, on Fire* von 1964 (Dean P1964.08) oder *Burning Gas Station* von 1965/66 (Dean P1968.12) einen analogen Bildaufbau. Speziell zwischen den Gemälden *Large Trademark with Eight Spotlights* und *Standard Station, Amarillo, Texas* ist sogar das Kolorit nahezu austauschbar: Rot, Weiß und Blau sind die bestimmenden Farben, hinzu kommen die gelben Scheinwerferstrahlen. Rot, Weiß und Blau sind auch die Farben der amerikanischen Nationalflagge. Das von 20th Century Fox selbst in den Filmen gezeigte Logo hingegen erscheint goldgelb vor einem dunkelblauen Himmel.

Eine zusätzlich irritierende Eigenschaft der sich nach rechts hin verkürzenden Teile der Architektur besteht darin, daß sie durch Linien wiedergegeben werden, die auf dem hellen Grund des Gemäldes stehen wie bei einer Zeichnung. Sie wirken unmateriell, lassen am ehesten an sich linear ausbreitende Lichtstrahlen denken, wie sie von Filmprojektoren oder Scheinwerfern ausgehen können. Bezieht man das Gemälde auf die filmische Version des Logos zurück, so könnte man sagen, daß der Künstler gleichsam die Quelle der Projektion mit ins Bild gerückt hat. Materiell greifbar sind letzten Endes nur die als Readymade vorgeprägte Schrift »20th Century Fox« und diejenigen geraden gelben Linien, die tatsächlich Scheinwerferstrahlen darstellen. Aber selbst der dunkelblaue Grund für den Nachthimmel besitzt als Malschicht auf der Oberfläche des Gemäldes eine konkretere Erscheinungsform als die eigentliche Tiefenerstreckung des »Gebäudes«.

Das perspektivische Erscheinungsbild dieser fiktiven Architektur wie auch derjenigen von *Standard Station, Amarillo, Texas* kommt einer Photographie, bei der die Kamera von tief unten auf die Ecke eines Bauwerks gerichtet ist, sehr nahe. Die Seiten des Gebäudes scheinen sich insofern jeweils in einem Winkel von 45 Grad vom Betrachter wegzubewegen. Diese Ansicht verbindet Ruscha nun mit der von rechts unten ausgehenden Projektion des Motivs, das sich nach links und oben hin kontinuierlich vergrößert. Er benutzt sozusagen die negativen Fluchtlinien der Architektur als positive Projektionslinien, dreht deren Dynamik förmlich um. Die Architektur verkleinert, sprich verkürzt sich nicht nach rechts hin, sondern vergrößert sich von hinten nach vorne, von rechts nach links. Ruscha selbst hat das ausgeprägte Querformat und die Diagonale mit der Vorstellung von Geschwindigkeit verbunden und mit einer Erfahrung aus dem Film verglichen: »… sie hatten die Kamera auf den Gleisen und den Zug so aufgenommen, daß es schien, als käme er aus dem Nichts, von einem kleinen Punkt in weiter Ferne, um plötzlich heranzusausen und das ganze Gesichtsfeld zu füllen. In gewissem Sinne ist es das, was auch die Standard-Tankstelle tut. Sie ist ein Hyperdrama.«[34] Oder: »Die Diagonale ergibt sich aus einer Vorstellung von Geschwindigkeit und Bewegung, aber auch aus der Perspektive. Wenn man die Leinwand so teilt, suggeriert man unweigerlich Geschwindigkeit und Tiefe.«[35]

Es ist sicher kein Zufall, daß Ruscha hinter der Tankstelle in *Standard Station, Amarillo, Texas* auf der linken Seite vergleichbare Scheinwerfer aufleuchten läßt wie in *Large Trademark with Eight Spotlights* und wie sie zur Entstehungszeit der Gemälde gerne auch zu Werbezwecken eingesetzt wurden.[36] Bemerkenswert ist in diesem Zusammenhang eine klangliche Vorstellung, die Ruscha mit dem Motiv verbindet: »In dem zugehörigen Gemälde, *Standard Station, Amarillo, Texas* […], lassen Scheinwerfer an etwas so Entlegenes wie Trompetensignale oder den Auftakt einer Galaveranstaltung denken.«[37] Schwer zu beurteilen sind die Größenverhältnisse der Sujets. Ruscha war daran gelegen, Gegenstände in Originalgröße wiederzugeben. Erinnert sei hier an sein frühes Gemälde *Actual Size* (Abb. S. 15).

Large Trademark with Eight Spotlights, 1962
Öl auf Leinwand

Standard Station, Amarillo, Texas, 1963
Öl auf Leinwand

24
Trademark, 1962
Tinte auf Papier

25

Trademark # 5, 1962
Öl, Tempera, Tinte und Bleistift auf Papier

26
Standard Study # 2, 1962
Deckende Wasserfarbe, Feder in schwarzer Tinte und Graphit auf Papier

27

Standard Study # 3, 1963
Tempera und Tinte auf Papier

18
Standard Station, Amarillo, Texas, 1962
Abzug auf Silbergelatinepapier

Standard/Shaded Ballpoint, 1962
Kugelschreiber und Bleistift auf Pauspapier

Insbesondere bei *Large Trademark with Eight Spotlights* gewinnt man keinerlei Vorstellung, wie groß ein Mensch im Verhältnis zum Dargestellten sein würde. Vielmehr drängt sich der Eindruck auf, daß das Bild das Dargestellte selbst ist. Mit seinem großen Format könnte es durchaus eine Tafel sein, die sich zu Werbezwecken an einer Fassade aufhängen oder freistehend im Gelände als Billboard aufstellen ließe.

Das Gemälde *Standard Station Amarillo, Texas* läßt sich auf eine gleichnamige Photographie zurückbeziehen, die Ruscha 1962 im Kontext seines Photobuchs *Twentysix Gasoline Stations* angefertigt hatte (Kat. 18) und 1963 im Buch reproduzieren sollte. Daß tatsächlich die Photographie als Ausgangspunkt für die Konzeption des Gemäldemotivs gedient hat und Ruscha von ihr erste Informationen über die Standard-Tankstelle bezogen hat (einschließlich der Marke Chevron des Benzins, das dort verkauft wird), belegt eine freie Pause, die 1962 nach einer Photographie entstanden ist (Abb. S. 56) und in der Tendenz bereits die Simplifizierungen des Gemäldes aufweist.[38] Die spätere Gemäldeversion zeigt dann die Tankstelle von der anderen Seite, sozusagen in Fahrtrichtung gesehen, nicht von der gegenüberliegenden Straßenseite aus, von der Ruscha sie ursprünglich photographiert hatte, und mit der gleichen dominanten Diagonalen für eine bis in den Fluchtpunkt verlängerte Gebäudeoberkante wie in *Large Trademark with Eight Spotlights*. Man kann also auch hier von einer vorgegebenen Architektur sprechen, die im Bild einmal von schräg vorne, das Objektiv der Kamera auf die Ecke des Gebäudes gerichtet, gesehen – bei *Large Trademark with Eight Spotlights* repräsentierte dieses Stadium nicht eine Photographie des Künstlers, sondern der Auftritt des Logos in Cinemascope-Filmen von 20th Century Fox – und dann als Projektion von rechts nach links hin dynamisch ansteigend dargestellt wird. Beiden Gemälden gemeinsam ist die Reduktion der Farbigkeit und der Materialität. Die Architekturen wirken substanzlos, wie Papiermodelle, wodurch gleichzeitig ihre Zeichenhaftigkeit erhöht wird.

Ruscha setzt also die Perspektive und die sich aus ihr ergebenden Verkürzungen ein, um seine Motive in dynamischer Weise zu inszenieren. Gleichzeitig macht er deutlich, daß die Oberfläche des Bildes eine Projektionsfläche ist, daß das Bild selbst ein Objekt ist, auf dem sich etwas abbildet, wodurch jede Illusion von Räumlichkeit und Tiefe als eine Produktion entzaubert und aufgehoben wird. Dies wird in einer sich aus drei Zeichnungen zusammensetzenden Arbeit von 1963 besonders sinnfällig. Sie trägt den Titel *View of the Big Picture* (Kat. 28). Auf den Zeichnungen ist Ruschas Gemälde des 20th-Century-Fox-Logos wiedergegeben, doch jeweils nicht »realistisch«. Es läßt sich weder in einen konkreten räumlichen

Zusammenhang bringen, noch wirft es Schatten, und keine Vorstellung gewinnen wir von seiner Materialität. Es lehnt oder hängt nicht an einer Wand, sondern schwebt im Raum. Sichtbar ist jeweils etwas mehr als die linke Bildhälfte mit dem Schriftzug des Logos. Die schon im Gemälde nur in dünnen Linien gezeichnete rechte vordere »Ecke« der Architektur, auf die der Betrachter eigentlich blickt, ist hier überhaupt nicht mehr artikuliert. Ruscha gibt das Bild so wieder, als sei es mit einer Kamera von der Seite aus aufgenommen worden. Der Winkel wird von Zeichnung zu Zeichnung flacher, das heißt der Betrachter – oder die Kameralinse – nähert sich immer mehr der Bildfläche, bis die Schrift »20th Century Fox« fast nicht mehr lesbar ist. Von einem Blick durch die Kamera ist hier die Rede, weil ein mit seinen beiden Augen flach auf das Bild blickender Betrachter die Verkürzungen, die vor allem an der Ober- und Unterseite der Bildkante sichtbar sind, optisch korrigieren würde, so daß sich die linke Außenkante des Bildes und die Schnittkante durch das Bild am rechten Rand der Zeichnungen in ihrer Höhe nicht so deutlich voneinander unterscheiden würden. Außerdem ist es dem menschlichen Auge unmöglich, gleichzeitig weit auseinander liegende Bereiche scharf zu sehen. Es handelt sich also auch bei diesen Zeichnungen gleichsam um photographische Konstruktionen. Mit den Ansichten von der Seite bewegt Ruscha die Bildebene seines Gemäldes vom Betrachter weg. Er folgt damit der im Gemälde selbst schon angelegten innerbildlichen Perspektive mit einem sich nach links hin verkürzenden Schriftbild, wobei allerdings der Betrachterstandpunkt nun nicht mehr an der Unterkante liegt und die Horizontlinie deutlich nach oben gerückt ist. Je stärker sich das Motiv von uns abwendet, um so weniger wird von der architektonischen Substanz des Logos wahrnehmbar, und um so mehr tritt das Schriftbild auf der Oberfläche des Gemäldes in Erscheinung. Die Buchstaben verkürzen sich einerseits in die Tiefe des Raumes, andererseits kommen sie auf den Betrachter zu, sie stoßen ihm geradezu ins Auge. Sie wirken wie aus der Tiefe von der linken Schmalseite des Gemäldes aus nach vorne zum Betrachter hin projiziert.[39] Eine solche Umkehrung von abbildlicher Perspektive in bildgenerierende Projektion wurde bereits am Gemälde selbst auf seiner rechten Hälfte in bezug auf die Architektur festgestellt. Die in den drei Zeichnungen demonstrierte Drehbewegung läßt zugleich an die Animation eines Gemäldes denken, wie sie sich in einem Film realisieren ließe: »Gleich vielen von Ruschas späteren Werken belegt *Large Trademark*, daß unsere Begegnung mit Kunst fast unvermeidlich durch die Erfahrung anderer Medien gebrochen ist, allen voran durch die des Filmes.«[40] Die Veränderbarkeit des Motivs durch die verschiedenen Schrägansichten bestätigt seine tatsächliche Existenz als Readymade und zugleich seine Eigenschaft als photographisch determiniertes Bild. In Ruschas Wiederaufnahme ist es infolgedessen doppelt den Gesetzen der Perspektive unterworfen. So wird zum Beispiel das durch die ursprüngliche Untersicht gedrückte O aus »FOX« in der ersten Phase der Drehung kreisrund und verändert sich dann schrittweise zum Hochoval. In *Angle Study, Large Trademark* von 1962 (Abb. S. 62) schweben nur noch die Buchstaben und Ziffern des Logos sowie einzelne Scheinwerferstrahlen ohne jede architektonische Anbindung in perspektivischer Verkürzung, also von der Seite gesehen, auf einer imaginären, schräg in die Tiefe führenden Raumschicht. In der Zeichnung *20-20-20* aus demselben Jahr (Abb. S. 63) ist es die Zahl 20, die in verschiedenen perspektivischen Ansichten gezeigt wird und dadurch eine Drehbewegung nahelegt. Die Zahlen scheinen auch hier auf schräg stehenden Flächen zu stehen, doch bilden sie sich letztlich »nur« auf der Oberfläche der Zeichnung ab.

28
View of the Big Picture, 1963
Triptychon aus drei separaten Blättern
Farbstifte mit Feder in schwarzer Tinte über Graphit auf Velinpapier

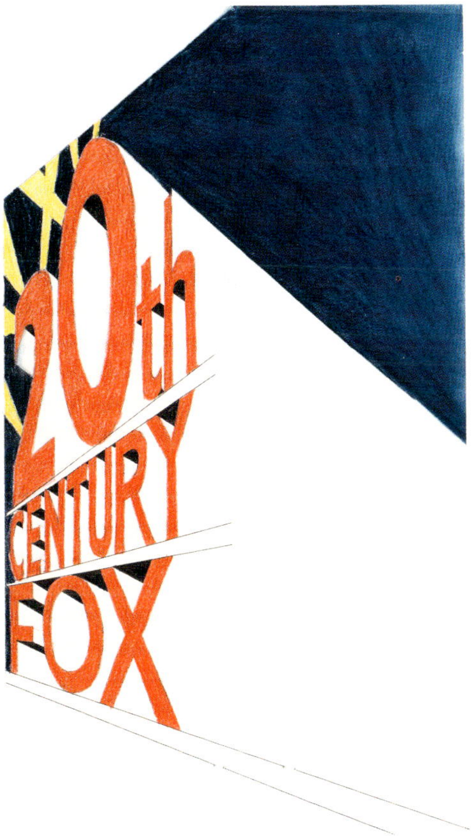
20th
CENTURY
FOX

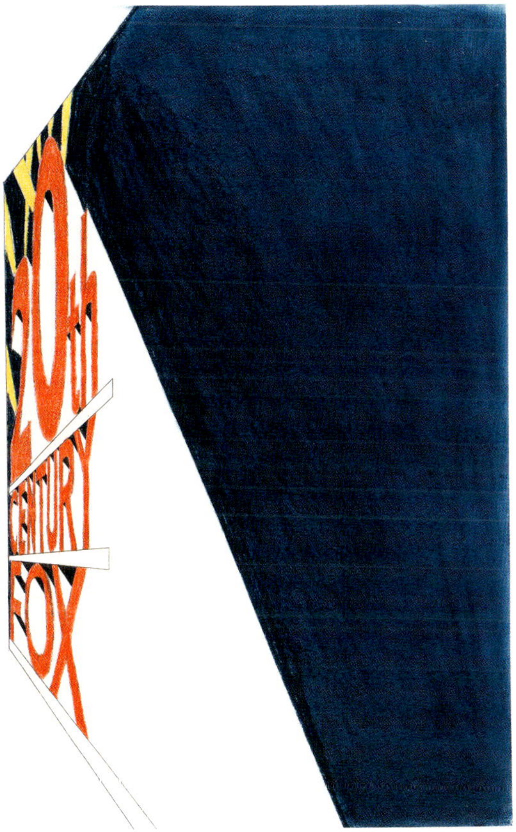
20th
CENTURY
FOX

Angle Study, Large Trademark, 1962
Kreide auf Papier

20-20-20, 1962
Tempera auf Papier

HOLLYWOOD

Mit dem Hollywood-Zeichen hat sich Ruscha in Zeichnungen,[41] einer Collage (Kat. 29), druckgraphischen Werken (Engberg 7, 42 und 53) und Gemälden (Dean P1977.07–P1977.08) beschäftigt. Diese Arbeiten erinnern mit ihren gestreckten Bildformaten an die Gemälde *Large Trademark with Eight Spotlights* (Abb. S. 50) und *Standard Station Amarillo, Texas* (Abb. S. 51) sowie deren Vorzeichnungen (Kat. 24–27). Das Bildformat nähert sich hier sogar noch mehr dem von Panoramen. Diese Konnotation entspricht auch dem Landschaftsthema, das durch den Aufstellungsort des monumentalen Schriftzeichens in den Hollywood Hills oberhalb des Stadtteils Hollywood durchaus vorgegeben ist. Der Ortsname erklärt sich aus der dort wachsenden Stechpalme, auf englisch »holly«. Die einzelnen Buchstaben sind etwa fünfzehn Meter hoch, und der ganze Schriftzug erstreckt sich über eine Länge von fast 140 Metern. Daß sich Ruscha mit diesem Zeichen beschäftigt hat, erscheint aus mehreren Gründen naheliegend. Zum einen war die ursprünglich als Werbemaßnahme einer Maklerfirma in den zwanziger Jahren errichtete Markierung, die damals noch »Hollywoodland« lautete, längst zu einem Wahrzeichen der Glamourwelt, der Filmstudios und Filmstars geworden. Sie repräsentierte nicht nur das Markenzeichen eines Stadtteils, sondern das Sinnbild einer ganzen Kultur und der Stadt Los Angeles. Auch wenn sie verschiedene Veränderungen erfuhr – 1949 wurde »land« entfernt –, die Metallplatten der Buchstaben immer wieder Anzeichen eines Verfalles aufwiesen – der Buchstabe H war in den vierziger Jahren gar umgefallen – und die ganze Installation schließlich durchgreifend restauriert wurde, so behielt sie doch, auch als sie sich in den sechziger Jahren erneut in schlechtem Erhaltungszustand befand, ihre signalhafte, mythische Ausstrahlung, die des Untergangs inbegriffen (die Schauspielerin Peg Entwistle hatte sich 1932 vom Buchstaben H in den Tod gestürzt).[42] Ruscha konnte offenbar das Schriftzeichen von seinem Atelier in Hollywood aus sehen und von seiner Lesbarkeit auf die Luftqualität in der Stadt schließen. Was ihn jedoch mehr beschäftigte, war die Schrift selbst. Deren Buchstaben werden von Stützen gehalten, die besonders dann in Erscheinung treten, wenn man den Schriftzug von der Seite aus betrachtet. Dies beeindruckte Ruscha als Bild:

29
Hollywood Study # 8, (1968)
Gouache, ausgeschnittenes und aufgeklebtes Papier, Kohle und Bleistift auf Papier

»Der Begriff Hollywood hat viele Bedeutungen, eine von ihnen ist für mich dieses Bild von einem vorgetäuschten Etwas, das mit Hilfe von Stangen am Stehen gehalten wird. Daran mußte ich sogar eher denken, wenn ich das Wort Hollywood hörte, als an all die Assoziationen, die sonst so üblich sind. Wenn ich hier aus dem Fenster schaute, sah ich das Hollywood-Zeichen, und so wurde es für mich zu einem Thema. Es dauerte nur ein wenig, und die aktuellen Überbleibsel des Zeichens waren gar nicht mehr wichtig für mich. Ich glaube nicht einmal, daß es erhalten bleiben sollte. Selbst als Orientierungspunkt hat es keine Bedeutung für mich. Es könnte gut und gerne einstürzen. Es einstürzen zu lassen oder zu entfernen, das wäre echt Hollywood. Letztlich wäre es aber noch mehr Hollywood, es dann wieder aufzustellen. Verstehen Sie?«[43]

Für seine Collage mit dem Hollywoodzeichen (Kat. 29) wählte Ruscha eine abendliche Stimmung, wie sie eintritt, wenn die Sonne selbst schon hinter den Bergen verschwunden ist, aber der Himmel noch intensiv gelb und dunkelrot nachleuchtet. Das Sonnenlicht muß dann die in der Atmosphäre angesammelten Schadstoffe und Ruß- und Sandpartikel durchdringen, gleichzeitig bricht von oben her der dunkle Nachthimmel herein. Es ist also nicht das wunderbar strahlende Licht eines kalifornischen Sonnenuntergangs, dem ein Held am Ende eines Filmes entgegenreitet und wie man es am Santa Monica Pier erleben kann. Vielmehr hat dieses Licht mit seinen dunklen und gebrochenen Tönen etwas Bedrohliches, vermittelt eine Untergangsstimmung, welche hier mit dem Namen Hollywood verbunden wird. Die Buchstaben vergrößern sich innerhalb der Collage von links nach rechts hin kontinuierlich, so als ob sie den sich ausbreitenden Sonnenstrahlen folgen würden. Doch ist auch eine umgekehrte Lesart möglich: in Richtung des Sonnenuntergangs, und mit ihm werden die Buchstaben des Zeichens immer kleiner, sie laufen Gefahr, ihrerseits »unterzugehen« und zu verschwinden. Ihre Stützen sind durch schwarze Striche wiedergegeben, welche über die Oberkanten hinausragen, so daß die Buchstaben wie an Wäscheklammern aufgehängt wirken. Dadurch wird ihre Fragilität und Anfälligkeit noch unterstrichen. Insofern ihre sukzessive Größenabnahme als perspektivische Verkürzung aufzufassen ist, wird eine schräg in die Tiefe des Raumes führende Anordnung der Buchstaben suggeriert. Damit erzeugt Ruscha eine Dynamik, welche an das Gemälde *Large Trademark with Eight Spotlights* erinnert. Diese Tendenz wird um so deutlicher, wenn man bedenkt, daß die Zeichen in Wirklichkeit nicht auf einer geraden Linie stehen, sondern einen wellenförmigen, der Landschaft folgenden Verlauf besitzen. Besonders bemerkenswert ist, daß Ruscha die Buchstaben aus Papier ausgeschnitten und auf den farbigen Grund gesetzt hat. Er konnte damit ihre Anordnung im Bild so lange erproben, bis er zu der vorliegenden Lösung fand. Als flache Objekte befinden sie sich tatsächlich auf der Oberfläche des Bildes, nicht im Raum, und auch die Bergsilhouette besteht aus einem konturierten und farbig gefaßten dünnen Karton, der ebenfalls flach über den Grund gelegt ist, welcher seinerseits für den Himmel steht. Man könnte sagen, daß sich hier Illusion und Desillusionierung unmittelbar berühren, der Schein in sehr direkter Weise als solcher sichtbar gemacht wird.

LOS ANGELES APARTMENTS

Die in sich geschlossene Zeichengruppe der *Los Angeles Apartments* (Kat. 57, 59, 61, 63, 65, 69 und 71–73 sowie Abb. S. 133) beansprucht im Werk von Ruscha einen besonderen Rang. Sie steht in so enger Beziehung zu Photographien wie nur wenig andere Zeichnungen oder Gemälde dieser Zeit in seinem Schaffen. Ruscha hatte die Los Angeleser Wohnhäuser 1965 photographiert und 34 dieser Aufnahmen für sein Photobuch *Some Los Angeles Apartments* (Kat. 30) verwendet. Er fertigte zudem Abzüge von den Negativen (Abb. S. 105, 112, 115, 119, 123, 131, 135 und 140), die größer waren als die zunächst gemachten Kontaktabzüge im Format von sechs auf sechs Zentimetern (Abb. S. 4), beschnitt die Photopapiere teilweise nachträglich und verwandelte die quadratischen Bilder so immer wieder in ausgeprägte Querformate. Indes war die Verwendung eines quadratischen Negativformats eine nicht unwesentliche Vorentscheidung gewesen. Geläufiger erscheint das Rechteck als Bildformat. Das quadratische Negativmaterial und die unbearbeiteten Photographien, die schlicht und einfach dem Negativ folgen, mögen jedoch eine größere Authentizität beanspruchen, denn sie rücken bei den oft quergelagerten Gebäuden mehr von der umgebenden Realität ins Bild als die angepaßten Querformate. Noch im selben Jahr entschied sich Ruscha, eigenständige Zeichnungen zum selben Thema zu schaffen, insgesamt zehn Blätter. Sie weisen nun alle ausgeprägte Querformate auf, eine Tendenz, die sich auch im Buch bereits deutlicher als bei der Bearbeitung der vergrößernden Abzüge abgezeichnet hatte. Im Jahr 2003 schließlich edierte Ruscha ein Set von 25 Schwarzweißphotographien, die sämtlich auf den Negativen von 1965 basierten (Kat. 31–55). Die wieder quadratischen Formate dieser *Twentyfive Apartments* weisen eine etwa dreimal so große Seitenlänge wie die Kontaktabzüge auf. Nur ein Teil der Aufnahmen ist mit denen identisch, die im Photobuch Berücksichtigung gefunden hatten, und nur wenige Photographien dieser Edition lassen sich motivisch mit den Zeichnungen in Verbindung bringen. Die Edition gibt dennoch eine gute Vorstellung von dem »Rohmaterial«, mit dem Ruscha über den ganzen Werkkomplex hinweg gearbeitet hatte, und von der Intention des Künstlers bei der Anfertigung der Aufnahmen selbst, denn die Abzüge sind gegenüber den Negativen motivisch unverändert, da sie deren Format lediglich proportional strecken.

Aus Gründen, die in den Bedingungen vor Ort lagen, näherte sich Ruscha den Architekturen durchaus variabel. Dennoch ist vergleichbar seinen Tankstellenbildern (Kat. 2–19) durchgängig eine sich auf das Faktische beschränkende Aufnahmeweise zu konstatieren, die sich vor das eigene Gestalten zu stellen scheint. Ruscha hat die Gebäude immer wieder von der gegenüberliegenden Straßenseite aufgenommen, so daß oft die Straßen selbst im Vordergrund noch prominent ins Bild geraten. Billigend nahm er mit ins Bild tretende Leitungen, Strom- und Telephonmasten, parkende Fahrzeuge oder auch Bäume, vor allem Palmen, in Kauf. Letztere sind ihrer großen Höhe wegen immer wieder abgeschnitten, so daß nur der Stamm sichtbar wird. Erkennbar ist aber dennoch eine gewisse Vorliebe für perspektivische Verkürzungen, die beispielsweise bei Blickwinkeln auf die Ecke eines Gebäudes oder bei hohen Architekturen im Blick nach oben zum Tragen kommen. Ein unvoreingenommener Betrachter wird die Aufnahmen als unprätentiöse, spontan entstandene Bilder wahrnehmen. Aber er wird sich auch nach der Bedeutung der in dem Buch versammelten Architekturaufnahmen fragen. Denn es handelt sich keineswegs um besonders bemerkenswerte Gebäude von berühmten Architekten. Mehrheitlich sind die Häuser nur wenige Stockwerke hoch, wie sie in Los Angeles dutzendfach entlang der Boulevards errichtet wurden. Den Bildern hat Ruscha meist Legenden nach den Straßenadressen der Gebäude beigegeben, bisweilen auch nach deren durch Aufschrift am Bauwerk selbst kenntlichen Eigennamen. Manche von ihnen trugen Namen, mit welchen Ferienparadiese am Mittelmeer oder in den Tropen, selbst berühmte antike Städte zitiert oder assoziiert werden, wie St Tropez, Lee Tiki, Fountain Blu, Bronson Tropics, Capri oder Pompeii.

Die meisten der Architekturen sind in den späten fünfziger oder frühen sechziger Jahren erbaut worden, sie waren also zu den Aufnahmedaten noch relativ neu. Zugleich belegen sie eine intensivierte Bautätigkeit in Los Angeles zu jener Zeit, die Ausdruck einer wirtschaftlichen Blüte der Stadt und eines dadurch verursachten Bevölkerungszuwachses gewesen ist. Der direkte Lebensbezug der Gebäude zeigt sich an Einstellplätzen für Autos im Erdgeschoß, welche in Los Angeles das unabdingbare Verkehrsmittel sind. Durch den Ausschnitt, den Ruscha jeweils gewählt hat, wird oft die tatsächliche Größe und Ausdehnung der Gebäude unkenntlich, ja es entsteht für Ortsunkundige auch der Eindruck, als handele es sich um kleine, freistehende Einheiten, die jedoch in Wirklichkeit eine sehr große Grundfläche einnehmen können. Diese sich horizontal ausdehnenden Komplexe sind ebenso wie die mehrere Stockwerke umfassenden »Türme« für Eigentumswohnungen konzipiert worden. Wiederkehrende Details, Fensterachsen, die über alle Stockwerke hinweg verlaufen, oder vorspringende Balkone gliedern und strukturieren die Fassaden und verraten zugleich die Wiederholung von Wohneinheiten, die durch Gleichförmigkeit geprägt sind. Ruschas Photobuch hat offenbar zur Diskussion solcher sich seit den fünfziger Jahren rasch verbreitenden Wohnarchitekturen beigetragen. So hat zum Beispiel der Architekt Robert Venturi die durchaus banalen und häßlichen Alltagsarchitekturen entlang des Las Vegas Strip in Las Vegas wegen ihrer bewährten Funktionalität den Gebäuden berühmter Bauhausarchitekten gegenübergestellt.[44] Und der amerikanische Künstler und Schriftsteller Dan Graham fertigte 1965/66 Farbphotographien von Einfamilienhäusern und Nutzbauten in amerikanischen Vorstädten an, die er zunächst als Diaschau präsentierte und dann – mit Abstrichen und Ergänzungen – im Zusammenhang mit der Veröffentlichung eines selbstverfaßten Artikels unter dem Titel »Homes for America« in ein eigenes Layout des Textes integrierte und in dieser Form edierte.[45] Er machte damit auf die architektonische Banalität der Reihenhäuser aufmerksam, die jeder Entfaltung menschlicher Individualität entgegenstehen.

Als Photobuch eines Künstlers vermochten Ruschas *Los Angeles Apartments* eine ähnlich provozierende Wirkung auf den »Leser« auszuüben wie seine *Twentysix Gasoline Stations* (Kat. 1). Waren diese allgemein genutzten Tankstellen und vor allem auch ihr einheitlich wiederkehrender »Standard« eine Folge des Individualverkehrs, bildeten sie also eine in gewissem Sinne paradoxe Erscheinungsform der zunehmenden Mobilität des Einzelnen, und waren Autos, Straßen und Freeways zu unabdingbaren, das Stadtbild ebenso wie das Land prägenden

Verkehrsmöglichkeiten geworden, gefördert oder erzwungen von Auto- und Ölindustrie, so fand auch in den Wohnformen ebenjene »Freiheit« der Menschen ihren anschaulichen Ausdruck. Schon in den zwanziger und dreißiger Jahren waren in Los Angeles und in den Randgebieten der Stadt Apartments, Bungalows und Ranch Houses im Stil verschiedenster Epochen und Länder errichtet worden. Unter den Architekten ragten Rudolph Michael Schindler und Richard Neutra heraus. Beide waren nach Los Angeles eingewandert, nachdem sie in Wien eine Ausbildung genossen und bei Frank Lloyd Wright gearbeitet hatten. Ihre Bauwerke im International Style zeichneten sich durch Einfachheit und Rationalität aus.[46] Die Wohnkomplexe der frühen sechziger Jahre indessen, die Ruscha photographieren sollte, unterschieden sich deutlich von der Qualität jener Gebäude:

>»Diese Wohnungen aus den sechziger Jahren, in der Regel kastenförmige, rechteckige Holzgebilde mit stuckierten Außenwänden, bieten eine zuweilen etwas überspannte und aufgepeppte, meist jedoch nur billige und oft geradezu lächerliche Version der strengen Moderne, wie sie durch Neutra und Schindler repräsentiert wird. Aus Gründen der Kosteneffektivität sind sie so entworfen und gebaut, daß sie das Grundstück vom Gehsteig bis nach hinten komplett einnehmen. Für ein rationalisiertes Parken liegen Wohnraum und Stellplätze übereinander. Die Gebäude erfüllen nichts von dem, was sie an Abgeschiedenheit, Frischluft- und Lichtzufuhr, blühenden Gärten oder architektonischer Originalität durch ihre Fassaden zu versprechen scheinen. Dennoch erfreuen sie sich eines großen Interesses, nicht unbedingt bei denen, die dort leben mußten, aber durchaus bei Ruscha, weil sie für ihn genau die Freiheit, Vielfalt, Innovation … und Ironie des visuellen Eindrucks von Los Angeles zum Ausdruck brachten.«[47]

Bleibt die Frage nach der photographischen Qualität der Aufnahmen selbst, die wie gesehen nach dem Verständnis von Ruscha keinen Anspruch auf einen Status als Kunstwerke erheben. Der kanadische Photokünstler Jeff Wall hat einen Versuch unternommen, sie zu beschreiben:

>»Die Photographien in *Some Los Angeles Apartments* (1965) beispielsweise verbinden den Brutalismus der Pop Art mit der kontrastarmen Monochromie von rein zweckbestimmten, nichtssagenden Photographien

(man könnte in der Tat vermuten, diese Aufnahmen seien von den Besitzern, Verwaltern oder Bewohnern der jeweiligen Gebäude gemacht). Zwar lassen ein oder zwei Bilder eine gewisse Anerkennung von Kriterien der Kunstphotographie oder auch der Architekturphotographie erkennen (z. B. »2014 S. Beverly Glen Blvd.«), die Mehrzahl scheint aber ihre Verstöße gegen die Regeln des Genres schonungslos und sogar mit Vergnügen zur Schau zu stellen: für die Entfernung ungeeignete Brennweiten, Nichtberücksichtigung der Tageszeit und der Lichtqualität, übermäßig funktionale Festlegung des Bildausschnitts, wobei am Rand Gegenstände abrupt abgeschnitten werden, mangelnde Beobachtung des spezifischen Charakters des abgebildeten Moments – alles in allem eine glänzend komische Leistung, eine fast sarkastische Mimikry der Art, wie »gewöhnliche Menschen« ihre Wohnungen photographieren. Ruschas Verkörperung eines solchen Jedermanns macht offenkundig auf das entfremdete Verhältnis der Menschen zu ihrer baulichen Umgebung aufmerksam, ohne dabei jedoch diese Entfremdung zu inszenieren oder zu dramatisieren, wie Walker Evans es getan hatte oder wie es zu dieser Zeit Lee Friedlander tat.«[48]

Die Frage nach dem Status der monochromen Graphitzeichnungen läßt sich leichter beantworten. Sie besitzen durch ihre gleichmäßige und bildgemäße Ausarbeitung durchaus den Rang von Gemälden. Vorstudien zu ihnen in Bleistift (Kat. 56, 58, 60, 62, 64, 66–68 und 70 sowie Abb. S. 144) sind mit Hilfe eines Episkops entstanden. Dabei ermöglichte die Projektion von photographischen Bildern auf eine Glasscheibe deren vergrößerte Nachzeichnung auf transparentem Papier. Schon im Zuge dieses Pausvorgangs traf der Künstler Entscheidungen über den Bildausschnitt und nahm Veränderungen vor, welche architektonische Details wie die Anordnung der Fenster oder auch die Perspektive betreffen konnten.[49] Die hieraus resultierenden linearen Vorzeichnungen dienten Ruscha als unmittelbare Vorlagen für die Graphitzeichnungen, bei deren Ausführung er weitere Veränderungen vornahm, wobei nicht für alle Studien tatsächlich Graphitversionen nachweisbar sind. Diese Schritte sind dem Arbeiten im Photolabor an einem Vergrößerungsgerät, das heißt der Projektion eines Negativs auf zu belichtendes Photopapier, nicht unähnlich. Auch da können Ausschnitte von dem auf dem Negativ vorgegebenen Motiv vorgenommen werden.

Die Vorzeichnungen oder Studien haben einen eigenen ästhetischen Anspruch, der sie über die Funktion, lediglich Arbeitsmaterialien zu sein, hinaushebt. Durch ihre Linearität, welche an die Konstruktionslinien in *Large Trademark with Eight Spotlights* erinnert, besitzen sie gegenüber den Graphitzeichnungen zwangsläufig eine größere Abstraktheit. Ein besonderes Charakteristikum ist ihre Substanzlosigkeit, zu der eine Gleichbehandlung sämtlicher architektonischer Details und eine völlige Reduktion von Gegenständen der belebten oder unbelebten Natur auf reine Umrisse beitragen. Zugleich geben die Linien, die mit Lineal gezogen sind, nichts von der Handschrift des Künstlers preis. Es sind reduktionistische, minimalistische Zeichnungen. Die ausgearbeiteten Graphitzeichnungen weisen dagegen einen Illusionismus auf, der stärker an eine Wiedergabe der sichtbaren Wirklichkeit gebunden bleibt, sie stehen deshalb der Auffassung von Gemälden näher.

Die Photographien haben die Motive vermittelt, doch interpretieren sie das Gesehene ebenso, sie sind nur vordergründig rein faktisch. Denn es entsteht mit ihnen ein Bild, das gegenüber dem tatsächlich Vorhandenen deutliche Veränderungen aufweist. Die Wahl des Bildausschnitts ist ein wesentliches gestalterisches Element, und zu den perspektivischen Besonderheiten der Aufnahmen treten die Monochromie und Flächigkeit der Erscheinung hinzu. Ruscha zeigt also nicht wirklich Los Angeles *apartments*, sondern vorrangig Fassaden und diese immer wieder auch nur in Ausschnitten, die bezüglich der Gebäude selbst nur sehr wenig Aussagekraft besitzen. Und indem er hie und da falsche oder gar keine Straßennamen für die Standorte angegeben und oft auf die Nennung von Hausnummern und durchweg auf die des Ortsteils in Los Angeles oder angrenzender Ortschaften verzichtet hat, wird sogar die Identifizierung der Gebäude erschwert oder unmöglich gemacht. Ruscha könnte damit ein Spiel mit dem Betrachter gespielt haben, der an das Faktische von Photographien glaubt. Gleichzeitig weist er damit auf die architektonische Austauschbarkeit der Gebäude und Fassaden hin.

30
Some Los Angeles Apartments, 1965
Buch, 48 Seiten mit 34 Reproduktionen von Photographien
Offsetdruck in Schwarz auf weißem Vicksburg-Velinpapier

74

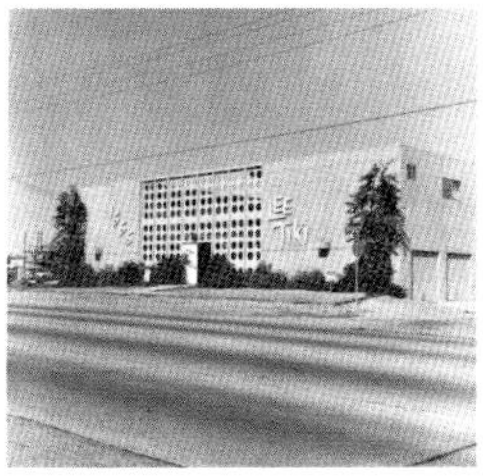

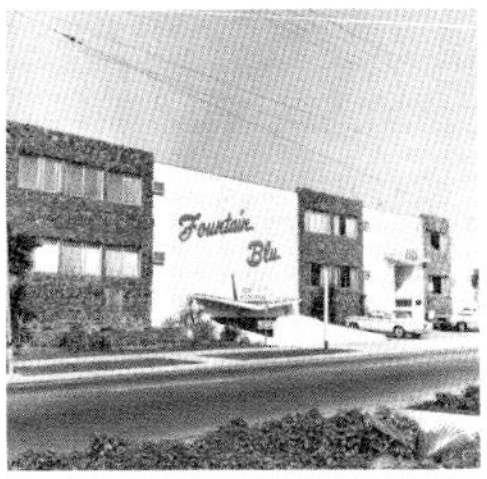

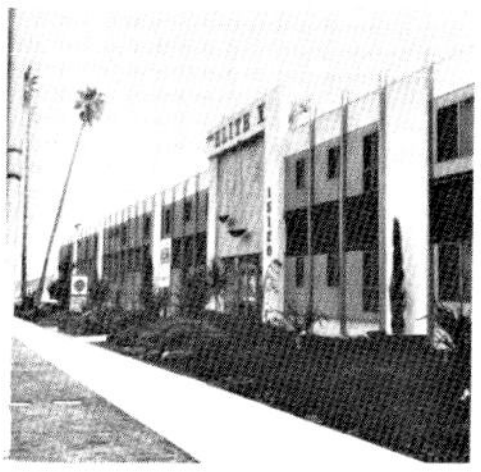

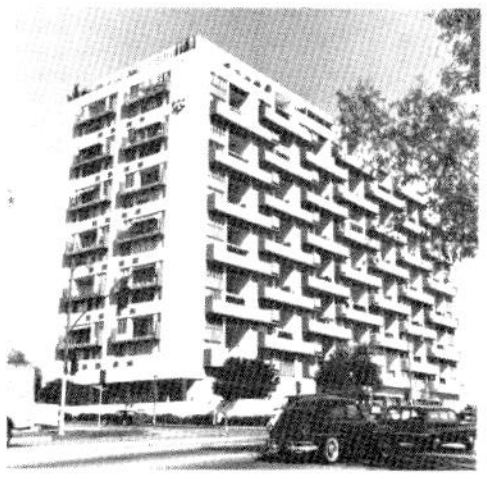

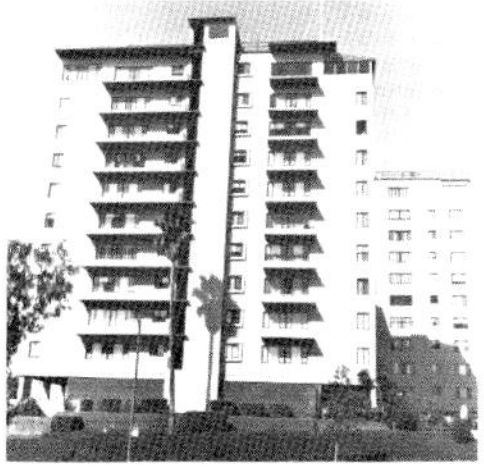

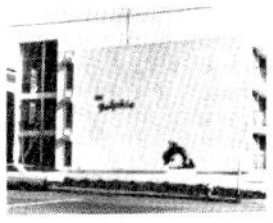

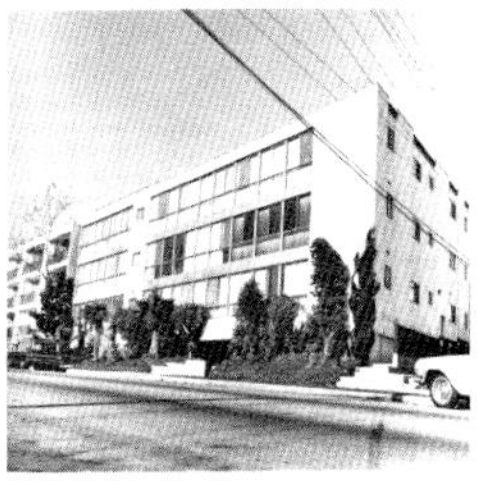

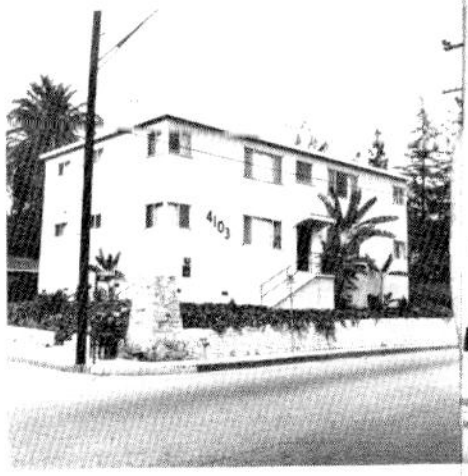

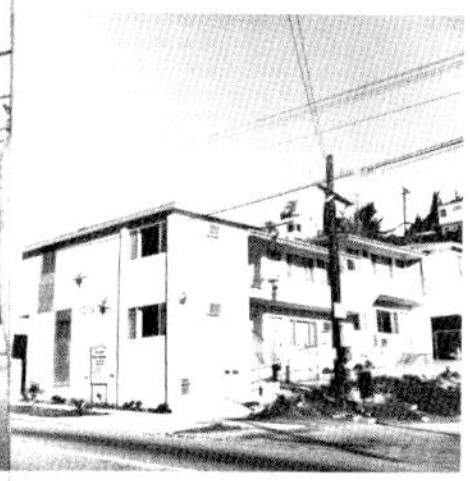

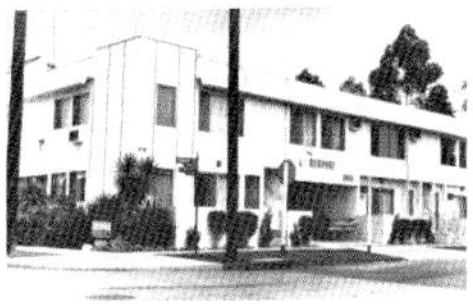

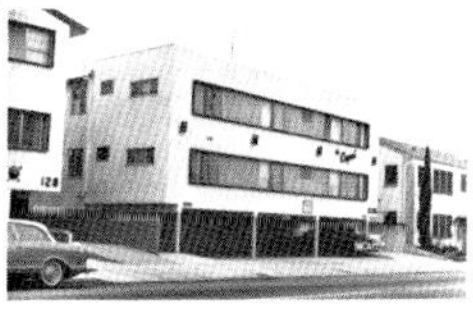

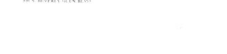

1338 N. NORMANDIE   1323 BRONSON   901 CYNTHIA ST.

26 N. RAMPART   419 S. UNION   535 HUNTLEY DR.

1419 N. LOS ROBLES   6449 DEERVILLE AVE.   3023 W. SEPULVEDA BLVD.

31–55

Twentyfive Apartments, 1965/2003

Edition von 25 Photographien

Abzüge auf Silbergelatinepapier

31

Americana, 1965/2003

Abzug auf Silbergelatinepapier

32

The Fourteen Hundred, 1965/2003
Abzug auf Silbergelatinepapier

33
The Continental, 1965/2003
Abzug auf Silbergelatinepapier

34
Golden Gardens, 1965/2003
Abzug auf Silbergelatinepapier

35
Bay Arms, 1965/2003
Abzug auf Silbergelatinepapier

36

Oakwood Gardens, 1965/2003

Abzug auf Silbergelatinepapier

37
The Prospector, 1965/2003
Abzug auf Silbergelatinepapier

38
Twin Palms, 1965/2003
Abzug auf Silbergelatinepapier

39
St. Tropez, 1965/2003
Abzug auf Silbergelatinepapier

40
Rodeo Manor, 1965/2003
Abzug auf Silbergelatinepapier

41

Beverly Manor Apartments, 1965/2003
Abzug auf Silbergelatinepapier

42
Linden Terrace, 1965/2003
Abzug auf Silbergelatinepapier

43

Mature Manor, 1965/2003

Abzug auf Silbergelatinepapier

44
The Vogue, 1965/2003
Abzug auf Silbergelatinepapier

45
1516 Sargent Place, 1965/2003
Abzug auf Silbergelatinepapier

46
969 North Mariposa, 1965/2003
Abzug auf Silbergelatinepapier

47
Rosemead, 1965/2003
Abzug auf Silbergelatinepapier

48

6753 Selma Avenue, 1965/2003

Abzug auf Silbergelatinepapier

49
279 South Avenue 54, 1965/2003
Abzug auf Silbergelatinepapier

50
3017-3011 West Rowena Ave., 1965/2003
Abzug auf Silbergelatinepapier

51
2106-2108 South Beverly Glen Blvd., 1965/2003
Abzug auf Silbergelatinepapier

52
858 South Devon, 1965/2003
Abzug auf Silbergelatinepapier

53
Beverly Sycamore, 1965/2003
Abzug auf Silbergelatinepapier

54
10401 Wilshire, 1965/2003
Abzug auf Silbergelatinepapier

55

Doheny Towers, 1965/2003
Abzug auf Silbergelatinepapier

DIE ZEICHNUNGEN

Doheny Drive, 1965 (Kat. 57)
Vorzeichnung: *Study for Doheny Drive Apartment Building*, 1965 (Kat. 56)
Im Photobuch, 1965: »818 Doheny Drive« (Kat. 30)
Originalphotographie: *818 Doheny Dr.*, 1965 (Abb. S. 105)
Aufnahmeort: 818 North Doheny Drive, Beverly Hills

Besonders gut läßt sich die Arbeitsweise Ruschas bei dem Gebäude am North Doheny Drive 818, gelegen in Beverly Hills, studieren. In Ruschas Aufnahme ist nicht die Hauptansicht des Gebäudes wiedergegeben, sondern der Blick auf seine Schmalseite, die sich dem Doheny Drive zuwendet. Dort verlaufen noch heute die Stromleitungen in horizontalen Geraden entlang der Seitenfassade. Es ist deutlich, daß es Ruscha darum ging, die untersten Geschosse und die Anbindung zur Straße nicht zu zeigen, sondern das Gebäude unvermittelt, das heißt vom Bildrand angeschnitten, aufsteigen zu lassen. Dies, obwohl nach oben hin Platz »verschenkt« worden ist, der es erlaubt hätte, unten mehr vom Haus ins Bild zu rücken (nicht sichtbar sind die Erdgeschoßzone und nahezu drei Stockwerke darüber). Durch die Frontalität der Aufnahme werden an den Seiten links und rechts die Einsprünge an den Ecken des Gebäudes und die längsseitig bis ums Eck laufenden Gesimse, welche die Stockwerke optisch voneinander trennen, wie Zähne sichtbar, sie werden zu wesentlichen gliedernden Elementen. In der Mitte befindet sich ein vertikaler Einschnitt, welcher wie ein nach vorne hin offener Schacht wirkt, in welchen geschoßweise Böden eingezogen sind, die durch Geländer abgesichert sind. Die Seitenfassade ist bis auf diese Öffnung hin vollkommen geschlossen. Rechts unten ragen drei Palmen in das Bild und setzen dort einen Akzent, während das Leben sonst vollkommen aus diesem Bild verbannt ist. Deutlich verkürzt sich das Gebäude, das leicht schräggestellt ist, perspektivisch nach oben hin. Es wirkt wie eine abgeschnittene Pyramide, ein Mausoleum oder wie eine Bunkeranlage, jedenfalls lebensfeindlich. Vom Gebäude in seiner Gesamtheit, das einen deutlich längsrechteckigen Grundriß besitzt, sowie von den Fenstern und Balkonen, welche dem Norma Place zugewandt sind, ist nichts zu sehen.

Die lineare Vorzeichnung weist, wie die anderen dieser Folge, ein ausgeprägtes Querformat auf. Der Formatwechsel hat offenbar Auswirkungen auf das Motiv. Die beobachtete vertikale Dezentrierung des Gebäudes mit Luft oben und einem »Wegsacken« unten scheint nun tatsächlich ein Stück weit aufgehoben. Das am unteren Rand durch die Aufnahme gerade noch erfaßte Geschoß (der dritte Stock) ist gleichsam rekonstruiert und abgesehen von dem präzise weggelassenen Boden wesentlich vollständiger zu sehen als in jeder photographischen Version, während oben das Gebäude nun fast den durch eine Einfassungslinie definierten Rand der Zeichnung berührt. Damit erscheint die Wandfläche, so gewaltig sie ist, ohne Bindung an ein von der Gravitation qualifiziertes Oben und Unten – Himmel und Erde – als breiter, schwereloser Vertikalstreifen nur noch zwischen die zwei Bildränder eingespannt zu sein. Zugleich wirkt das Bauwerk in der Breite gedehnt, was am deutlichsten an der schachtartigen Mittelachse sichtbar wird, die nun wesentlich breiter geworden ist. In der photographierten Architektur besteht sie aus nach innen sich öffnenden begehbaren Räumen, in den Zeichnungen werden diese verbreitert und zu »sinnlosen« Einsprüngen. Ergaben sich im photographischen Bild die nach oben stark verjüngten Gebäudeteile hauptsächlich aus der Kameraoptik, läßt sich nun kaum noch entscheiden, ob diese Verjüngung eine Folge der Perspektive ist oder ob das Bauwerk tatsächlich nach oben hin schmaler wird. Das wird unterstrichen durch die nicht konsequent sich verkürzenden Stockwerke, die im Unterschied zu den Verhältnissen in der Aufnahme leicht variable Abstände aufweisen. Auf schmalere folgen immer wieder breitere, so daß der lineare Anstieg dadurch irritiert wird. Ruscha verzichtet auf Schatten und auf architektonische Details, zum Beispiel die Gitter in jedem Stockwerk vor der Öffnung des Mittelschachts. Die in der Photographie und deren Reproduktion optisch noch wirksame Strukturierung der Außenwand selbst, welche eine Verbauung von rechteckigen Plattenelementen erkennen läßt, die in sich wiederum eine bewegte, quadratische Strukturen aufweisende Oberfläche besitzen, verschwindet ebenfalls gänzlich. Lediglich die Palmen rechts unten lassen etwas von dem photographischen Illusionismus erahnen, doch wirken sie in ihrer Lebendigkeit nun fast wie ironisch gesetzte Fremdkörper. Sie sind die einzigen Orientierungspunkte, welche eine Vorstellung von der Größe des Gebäudes geben. Wären sie nicht vorhanden, könnte man die Zeichnung auch auf den Kopf oder auf eine Seite stellen: immer ergeben sich Ansichten von abstrakten Gebilden, die als Architekturen interpretierbar werden. Man kann also feststellen, daß bei der zeichnerischen Umsetzung in die reine Linearität das Gebäude grundlegend verändert worden ist. Seine Bausubstanz wird mehrdeutig, die Lesbarkeit seiner Bestandteile und seines Volumens wesentlich eingeschränkt. In den Vordergrund tritt der Eindruck einer auf die Papierfläche gesetzten linearen Konstruktion.

In der ausgeführten Graphitzeichnung greift Ruscha die beschriebenen Phänomene auf. Er nutzt die in der Linearität angelegte Mehrdeutigkeit und führt sie sogar noch weiter. Den über die obere Kante des Flachdachs ragenden, räumlich weiter hinten ansetzenden Dachaufbau aus den photographischen Versionen, in der Vorzeichnung bereits auf das Niveau der Wand zurückgeführt, vermittelt Ruscha nun mit dem zentralen Schacht und unterstreicht damit die strukturelle Geschlossenheit der Fassade. Die schmalen ums Eck laufenden und die Geschosse gliedernden Gesimse versieht er mit einem weißen Band, welches den Eindruck wesentlich breiterer Gesimse erweckt, was das Gebäude nun mit einer mexikanischen Stufenpyramide vergleichbar macht. Trotz des von oben rechts einfallenden Lichtes, das demjenigen aus der Aufnahme entspricht, entsteht keine wirklich überzeugende Raumwirkung, welche die einzelnen Bestandteile der Architektur klar definieren würde. Die Palmen erscheinen wie Scherenschnitte, die auf die Oberfläche des Papieres geklebt sind. Anstelle der reinen Linearität, welche eine Gleichbehandlung aller Elemente mit sich brachte, tritt nun eine in Tönen abgestufte, differenzierte, leicht wolkige Flächengestaltung. Helle und dunkle Flächen mit diffusen Übergängen treffen aufeinander, sie erinnern an Licht und Schatten und damit an den Illusionismus des photographischen Bildes, doch wirkt die Architektur deswegen nicht weniger unräumlich, mehrdeutig, substanzlos und unmateriell. Im Gegenteil, metaphorisch läßt sich dieser »malerische« Effekt am ehesten mit der empfindlichen Oberfläche eines Pastells vergleichen, die bei der leisesten Berührung ihre Substanz verliert.

818 Doheny Dr., 1965
Abzug auf Silbergelatinepapier

56
Study for Doheny Drive Apartment Building, 1965
Bleistift auf Transparentpapier

57
Doheny Drive, 1965
Graphitstaub und Bleistift auf Papier

55
Doheny Towers, 1965/2003
Abzug auf Silbergelatinepapier

58
Study for Unidentified Apartment Building, 1965
Bleistift auf Transparentpapier

Vermutlich nicht ausgeführte Vorzeichnung:
Study for Unidentified Apartment Building, 1965 (Kat. 58)
Im Set der Photoedition, 2003: *Doheny Towers* (Kat. 55)
Aufnahmeort: Plaza Towers, 838 North Doheny Drive, Beverly Hills

Das durch seine umlaufenden Balkone mit abwechselnd geschlossenen Brüstungen und durchsichtigen Gittern ins Auge fallende Gebäude in Beverly Hills interessierte Ruscha wohl vor allem wegen seiner von der Sockelzone bis zum Flachdach reichenden Struktur. Sie verleiht der Fassade durch gleichmäßiges Alternieren von Licht und Schatten ein dichtes Relief. Ruscha hat die Kamera auf die Ecke des Gebäudes gerichtet, wodurch sich nach links hin markante perspektivische Verkürzungen ergeben haben, welche am entfernten Ende der Fassade die oberen Stockwerke überhaupt erst ins Bild treten lassen. Dagegen ist die rechte Seite des Gebäudes größtenteils durch das Format abgeschnitten, so daß dort die oberen Stockwerke nirgends Platz in der Aufnahme gefunden haben. In der querformatigen linearen Bleistiftvorzeichnung verdichtete Ruscha die prägnante Fassadenstruktur noch, wozu er vielleicht von den in der Aufnahme deutlich in Erscheinung tretenden Schattenzonen unter den Balkonen angeregt wurde. Damit reduzierte er die Höhe der einzelnen Stockwerke deutlich, so daß der Eindruck eines vollkommen fensterlosen Gebäudes entsteht. Die umlaufenden Balkone sind als solche gar nicht mehr erkennbar. Dominierend sind die Decken der einzelnen Stockwerke, während die Geschosse selbst wie schmale Einschnitte in Erscheinung treten. Auch die Erdgeschoßzone ist in der Zeichnung schmaler geworden. Aus diesem wie ein Bunker wirkenden, für Menschen nicht zugänglichen Kubus ragt vorne rechts eine Markise wie verloren, ja sinnlos hervor. Sie nimmt sich wie ein ironischer Kommentar aus, der auf das verschwundene Leben hinweist. Eine ausgeführte Graphitzeichnung ist nicht nachweisbar.

Wilshire Boulevard, 1965 (Kat. 59)
Im Photobuch, 1965: »10401 Wilshire Boulevard« (Kat. 30)
Originalphotographie: *10401 Wilshire Blvd.*, 1965 (Abb. S. 112)
Aufnahmeort: 10401 Wilshire Boulevard, Westwood/Century City

Vergleichbar mit der Zeichnung *Doheny Drive* (Kat. 57) und ihrem Bildausschnitt steigt auch die Zeichnung dieses Gebäudes an der Ecke von South Beverly Glen Boulevard und Wilshire Boulevard unmittelbar vom unteren Rand empor. Dies geschieht hier jedoch in deutlichem Unterschied zur photographischen Aufnahme, denn Ruscha verzichtet sowohl auf die schmale, den Gebäudekomplex im Vordergrund zum Wilshire Boulevard hin abgrenzende parkähnliche Grünanlage als auch die Erdgeschoßzone, die beide auf dem vergrößernden Originalabzug noch zu finden sind. An ihre Stelle treten in der Zeichnung weitere Stockwerke, die das Gebäude insgesamt höher erscheinen lassen, als es in Wirklichkeit ist. Zu diesem Eindruck trägt auch die Stutzung des rechts sichtbar werdenden Hintergebäudes bei, das eigentlich dieselbe Höhe aufweist wie das Vordergebäude, mit dem es verbunden ist. Vergleichbar mit *Doheny Drive* ist auch die Behandlung der im Vordergrund aufragenden Palme, die Ruscha verdoppelt, indem er ihren Schatten, der auf die Fassade fällt, so behandelt, als wäre er ein zweiter Baum, der ganz dicht an der Wand des Hauses steht. Eine Photographie, welche dasselbe Gebäude von der Seite, also vom South Beverly Glen Boulevard aus wiedergibt, hat Ruscha 2003 als *10401 Wilshire* in die Edition der Apartments aufgenommen (Kat. 54).

10401 Wilshire Blvd., 1965
Abzug auf Silbergelatinepapier

59
Wilshire Boulevard, 1965
Graphitstaub und Bleistift auf Papier

Barrington Avenue, 1965 (Kat. 61)
Vorzeichnung: *Study for Barrington Avenue Apartment Building* (Kat. 60)
Im Photobuch, 1965, ohne Legende (Kat. 30)
Originalphotographie: *708 S. Barrington Ave.*, 1965 (Abb. S. 115)
Aufnahmeort: 700 South Barrington Avenue, Brentwood

Seine Aufnahme des an der Ecke, wo Chenault Street und South Barrington Avenue in stumpfem Winkel aufeinandertreffen, also bei Hausnummer 700 der Avenue befindlichen Gebäudes hat Ruscha im Photobuch in einem besonders kleinen und zum Querrechteck beschnittenen Format reproduziert. Betitelungen mit Nennung der Hausnummer 708, wie sie sich in verschiedenen Varianten in der Literatur für die Originalphotographie, die Vorzeichnung oder die ausgearbeitete Zeichnung finden, sind also nicht zutreffend oder zumindest nicht realitätsgerecht. In der Reproduktion hat Ruscha von der quadratischen Aufnahme einen Teil der Straße im Vordergrund, ein Stück des Himmels und der sich rechts entlang der South Barrington Avenue fortsetzenden Balkone sowie einen schmalen Streifen am linken Bildrand abgeschnitten. Auf der gegenüberliegenden, rechten Seite des Buches befindet sich die in Gegenrichtung aufgenommene Fassade eines die Straße ein Stück weiter gelegenen Gebäudekomplexes, der durch die Legende zutreffend als »708 S. Barrington Ave.« identifiziert wird.
Vor der Fassade zur Chenault Street hin – zwar die Schmalseite des Gebäudes, aber die Hauptansicht der Aufnahme – stand seinerzeit die Plastik eines springenden Delphins. Die, wie die Aufnahme zu erkennen gibt, damals fensterlose, in dickem Rauputz gefaßte Fassade selbst trug die Aufschrift »The Dolphin« in einer geschwungenen Zeilenführung, welche die Bewegung des springenden Delphins aufgriff. Ruscha dürfte von der Kombination dieser Plastik und des Schriftzugs angesprochen worden sein, stehen doch beide in völligem Kontrast zur Kargheit der Architektur, die keineswegs durch den Kitsch der zwei dekorativen Elemente gemildert wird.
Für die lineare Vorzeichnung hat Ruscha einen engen Bildausschnitt gewählt. Das Querformat ist gegenüber der Reproduktion im Photobuch nochmals gesteigert, indem die Straße im Vordergrund nun vollkommen abgeschnitten ist. In der Vorzeichnung ist nicht einmal mehr die Sockelzone mit dem leicht abfallenden Gelände sichtbar, und selbst ein Teil des Erdgeschosses fällt dieser Reduktion zum Opfer. Ein ganz links befindliches turmartiges Bauelement, das das übrige Gebäude etwas überragt und zur Straße hin weitgehend verglast ist – vielleicht ist

708 S. Barrington Ave., 1965
Abzug auf Silbergelatinepapier

60
Study for Barrington Avenue Apartment Building, 1965
Bleistift auf Transparentpapier

61

Barrington Avenue, 1965
Graphitstaub und Bleistift auf Papier

es das Treppenhaus –, wird rein linear und unter vollkommener Gleichbehandlung sämtlicher Materialien wiedergegeben, so daß auch daneben über schmalen Fenstern hervorstehende Kuben wie zur architektonischen »Substanz« gehörend wirken. In Wirklichkeit handelt es sich um die hervorspringenden Gehäuse von Klimaanlagen. Unmittelbar von dort nach rechts hin verwandelt Ruscha die geschlossene Wand mit der Aufschrift »The Dolphin« in einen sich leicht wellenden und kurz vor dem rechten Bildrand nach hinten einrollenden unbeschriebenen Papierbogen. Im Unterschied zur ausgeführten Graphitzeichnung, die bis dahin der linearen Vorstudie weitgehend folgt, sind in dieser noch alternative Lösungen für den Radius der Einrollung, die Steilheit der als Kontur erscheinenden rechten Scheitellinie des nach links umschlagenden Bogens und den Winkel der Kanten am Ende des Papieres erkennbar. Darüber hinaus deutet Ruscha in schwachen Linien einen ganz anderen Vorschlag für die Einrollung an, der wie eine unausgeführte Zeichnung oder gar wie wegradiert wirkt. Ein zusätzlicher darstellerischer Effekt bringt zum Ausdruck, daß die Zeichnung auf das Papier eines Zeichenblocks aufgetragen ist, unter dem weitere Bögen liegen. Wohl aus Unachtsamkeit sind zwei dieser Papiere und auch das die Zeichnung selbst tragende im oberen Drittel eingerissen worden, so daß sich die unteren Stücke zum Betrachter hin, also in die entgegengesetzte Richtung wie die große Rolle, aufklappen. Was bezweckt Ruscha mit diesem Trompe-l'œil-Effekt, der an niederländische Stilleben des 17. Jahrhunderts erinnert, in denen Bücher, Zeichnungen oder Stiche unachtsam aufeinandergelegt sind und augentäuscherisch in den Raum des Betrachters hineinragen können? Dieser sich einrollende und die nach vorne sich aufklappenden Papierbögen setzen unmittelbar an der Architektur im linken Drittel der Darstellung an, sie betreffen also die Zeichnung nicht insgesamt. Vielmehr setzen sie sozusagen die Architektur nach rechts hin fort. Ob nun die Ecksituation an einer Straßenkreuzung, die große leere Fläche der Fassade oder das Motiv des springenden Delphins Ruscha zu dieser Darstellung angeregt haben, sei dahingestellt. Es wird jedoch deutlich, daß er damit die Qualität dieser Architektur in metaphorischer Weise ironisiert. Sie ist demzufolge substanzlos, reine Illusion, nur auf der Oberfläche eines Papieres vorhanden.

2014 S. Beverly Glen Blvd., 1965
Abzug auf Silbergelatinepapier

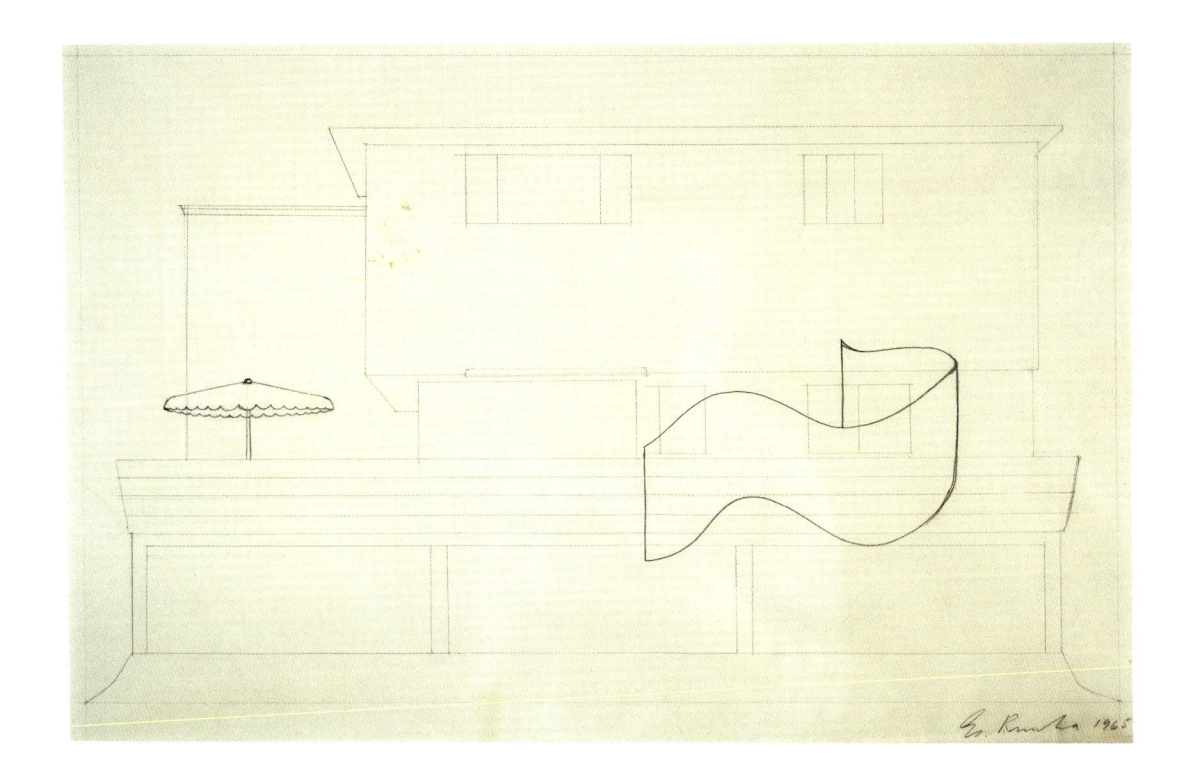

62
Study for Beverly Glen Apartment Building, 1965
Bleistift auf Transparentpapier

63
Beverly Glen, 1965
Graphitstaub und Bleistift auf Papier

Beverly Glen, 1965 (Kat. 63)
Vorzeichnung: *Study for Beverly Glen Apartment Building*, 1965 (Kat. 62)
Im Photobuch, 1965: »2014 S. Beverly Glen Blvd.« (Kat. 30)
Originalphotographie: *2014 S. Beverly Glen Blvd.*, 1965 (Abb. S. 119)
Aufnahmeort: 2014 South Beverly Glen Boulevard, Brentwood

Die lineare Vorzeichnung monumentalisiert das Gebäude, indem sie im Vordergrund eine Ebene aus Straße und Garagenvorplätzen so stark beschneidet, daß eine von da aus ansteigende Rampe, die zur unmittelbaren Einfahrt in die drei Garagen dient, wie ein Gebäudesockel erscheint, nicht mehr wie ein an den Straßenverkehr angeschlossener, befahrbarer Bereich. Dies deutet sich schon in der Reproduktion der Aufnahme im Photobuch an, die Ruscha in ein Querformat verwandelt hat. Er hat dazu sowohl vom Vordergrund als auch vom Himmel jeweils einen Streifen abgeschnitten. In der Vorstudie verzichtet er außerdem auf die Darstellung der links und rechts befindlichen Vegetation, die er jedoch in der ausgeführten Graphitzeichnung wieder einfügt. Dabei erscheinen die Bäume als dunkle Silhouetten, wie Scherenschnitte. In der linearen Vorstudie findet sich auf Höhe der Garagendächer und der ersten bewohnbaren Etage ein schmales, wellenförmiges Band, das zum Gebäude hin umschlägt und sich einrollt. Es ragt sogar bis über den ersten Stock hinaus, seine Anbindung an das Gebäude bleibt jedoch unklar. Ruscha hat hier vielleicht eine Idee oder eine alternative Lösung angedeutet, die wie in *Barrington Avenue* die Architektur in der rechten Hälfte des Bildes in ganzer Höhe hätte betreffen können.

1850 S. Thayer Ave., 1965
Abzug auf Silbergelatinepapier

64
Study for Thayer Avenue Apartment Building, 1965
Bleistift auf Transparentpapier

65
Thayer Avenue, 1965
Graphitstaub und Bleistift auf Papier

Thayer Avenue, 1965 (Kat. 65)
Vorzeichnung: *Study for Thayer Avenue Apartment Building*, 1965 (Kat. 64)
Originalphotographie: *1850 S. Thayer Ave.*, 1965 (Abb. S. 123)
Aufnahmeort: 1850 Thayer Avenue, Westwood/Century City

Das an der Kreuzung von Thayer Avenue und Missouri Avenue gelegene langgestreckte Gebäude hat Ruscha zwar mit Blick auf die Ecke des Gebäudes aufgenommen, doch so, daß seine der Thayer Avenue zugewandte Schmalseite mehr zur Geltung kommt. In der linearen Bleistiftzeichnung und der Graphitzeichnung werden die Verhältnisse anders gewichtet. Hier läßt Ruscha die Längsseite, sprich die Fassade zur Missouri Avenue, stärker in Erscheinung treten. Das Querformat der Zeichnungen mag dies begünstigt haben. Er rückt das Gebäude zugleich nahe zum Betrachter und schneidet so einen Teil der Schmalseite zum linken Gebäudeeck hin ab, in der Studie durch eine Einfassungslinie, bei der Ausführung in Graphit durch die Darstellungsgrenze. An der langgestreckten Fassade führt er durch diese Maßnahme das rechte Hausende bis exakt an den Bildrand heran, suggeriert damit aber aufgrund der dort (wie auch am nahegelegenen Eck) in asymmetrischer Architektur sehr weit außen plazierten Fensterreihe eine noch darüber hinausgehende Erstreckung des Gebäudes. Damit reizt Ruscha die in einem Fernbereich der photographischen Wiedergabe bereits aufkommenden Wahrnehmungsirritationen gegenüber den Gegebenheiten vor Ort weiter aus. Einen Schnitt erfährt auch die Sockelzone, eigentlich das über die tiefergezogene Schmalseite erreichbare Kellergeschoß, so daß beide Seiten auf dasselbe Basisniveau zu gelangen scheinen. Dadurch treten auch die Einfahrten für die unter dem Gebäude befindlichen Autostellplätze nicht mehr ins Bild. Statt dessen ragen hier Bäume und Sträucher, in der Bleistiftvorzeichnung eher nur angedeutet, bei der in Graphit ausgeführten Zeichnung jedoch als massive dunkle Silhouetten auf, so als ob sie diese Bereiche tarnen sollten. Die perspektivische Lösung und der damit verbundene tiefe Betrachterstandpunkt mögen von der Photographie her angeregt sein. In dieser radikalen Form erinnern sie aber an die Gemälde *Large Trademark with Eight Spotlights* (Abb. S. 50) und *Standard Station, Amarillo, Texas* (Abb. S. 51). Die prominente Hausnummer »1850« nahe der Gebäudeecke hat Ruscha in der Graphitzeichnung weggelassen.

Vermutlich nicht ausgeführte Vorzeichnung: *Study for St. Tropez Apartment Building,* 1965 (Kat. 66)
Im Set der Photoedition, 2003: *St. Tropez* (Kat. 39)
Aufnahmeort: 434 South Kenmore Avenue, Korea Town

Nach einer Aufnahme des mit dem vielversprechenden Namen St Tropez versehenen Gebäudes, die bis zum Erscheinen der Photoedition im Jahr 2003, soweit bekannt, nur als Negativ und in Form eines Kontaktabzugs (Abb. S. 4) existierte, hat Ruscha eine lineare Umrißzeichnung angefertigt. Ob er auch eine Graphitzeichnung mit diesem Motiv ausgeführt hat, ist ebenfalls nicht bekannt. In der linearen Vorzeichnung ist das Gebäude weiter in den Vordergrund gerückt, doch bleibt die entlang einer perspektivischen Diagonale verlaufende Straße deutlich in Gestalt eines Dreiecks sichtbar. Die in der Aufnahme aufgrund einer Froschperspektive leicht fluchtenden Vertikalen – sichtbar nicht nur an vier sehr hohen Stämmen von Palmen, sondern auch an den Senkrechten des Gebäudes – hat Ruscha in der Zeichnung ausgeglichen. Damit einhergehend ist der aus demselben Grunde entstandene Eindruck einer Steigung bei der Straße verschwunden – auch in Wirklichkeit verläuft die Straße horizontal. Beibehalten, ja durch den gewählten Ausschnitt und die Umsetzung des Motivs in ein Querformat sogar noch unterstrichen ist dagegen die perspektivische Verkürzung nach links hin. Kompositorisch führt sie den Blick jedoch nicht diagonal in die Tiefe, sondern zum linken Bildrand hin, wo ein kleines Stück der Fassade durch den Rand abgeschnitten wird. Nicht überraschend ist, daß auch in diesem Fall die vor dem Haus parkenden Autos keine Aufnahme ins gezeichnete Bild gefunden haben, und kaum als solche erkennbar, wenn auch zeichnerisch durchaus berücksichtigt, ist eine unter der Hausnummer befindliche Einfahrt in die Tiefgarage. Verschwunden sind zudem die Palmen, lediglich an der der Straße abgewandten rechten Fassade ist ein Busch auszumachen.

39
St. Tropez, 1965/2003
Abzug auf Silbergelatinepapier

66
Study for St. Tropez Apartment Building, 1965
Bleistift auf Transparentpapier

Atlantic Boulevard, 1965 (Abb. S. 133)
Vorzeichnung: *Study for Atlantic Boulevard Apartment Building*, 1965 (Kat. 67)
Im Photobuch, 1965: »1018 S. Atlantic Blvd.« (Kat. 30)
Originalphotographie: *1018 S. Atlantic Blvd.*, 1965 (Abb. S. 131)
Aufnahmeort: 1018 South Atlantic Boulevard, Alhambra

Die lineare Vorzeichnung rückt das Gebäude gegenüber der ursprünglichen Aufnahme wesentlich näher zum Betrachter, was sich als Tendenz auch schon bei der Reproduktion im Photobuch gegenüber der Originalphotographie bemerkbar gemacht hat. In den photographischen Zuständen und Versionen einschließlich der Buchreproduktion, die vom Negativ an alle ein quadratisches Format besitzen, befand sich die Ecke des Gebäudes ungefähr in der senkrechten Mittelachse, nun ist sie nach links verschoben, so daß die dem Atlantic Boulevard zugewandte Fassade mehr Gewicht erhält. Die Sockelzone im Erdgeschoß schneidet Ruscha auch hier durch eine untere Einfassungslinie horizontal ab, mit der Folge, daß die beiden Fassaden auf einer durchgehenden Geraden zu stehen scheinen. Nur am Dach wird auf die Räumlichkeit des Gebäudes Rücksicht genommen. Besonders auffällig sind die drei wie riesige Lampenschirme wirkenden Vordächer, die vom Flachdach aus über die Fassade nach vorne ragen. Unter ihnen ist jeweils ein kugelförmiger Leuchtkörper aufgehängt. Die Dächer werfen Schatten, welche wie eigenständige Gestalten wirken. Insbesondere in der Studie verselbständigen sich diese ornamentalen Architekturelemente in monströser Weise, bei der Ausführung in Graphit tun dies vor allem die dunklen Schattenflächen. Ruscha verzichtet beim Zeichnen auf die Wiedergabe sämtlicher Pflanzen, so auch auf die unübersehbare, das photographische Bild beherrschende monumentale Palme links, und selbstverständlich auch auf die Stromleitungen, die zur rechten Hausecke führen. In der Bleistiftstudie noch groß vorhanden, läßt Ruscha außerdem die Hausnummer bei der Ausführung in Graphit weg und anonymisiert das Haus dadurch zusätzlich. Die ebenso in der Aufnahme wie in der Graphitzeichnung hinter den Schiebefenstern sichtbaren Vorhänge, deren Falten Ruscha sehr differenziert wiedergibt, lassen das Haus kaum einladender erscheinen, halten sie doch den Blick in die Tiefe und in das Innere des Gebäudes auf und weisen den Betrachter zurück.

1018 S. Atlantic Blvd., 1965
Abzug auf Silbergelatinepapier

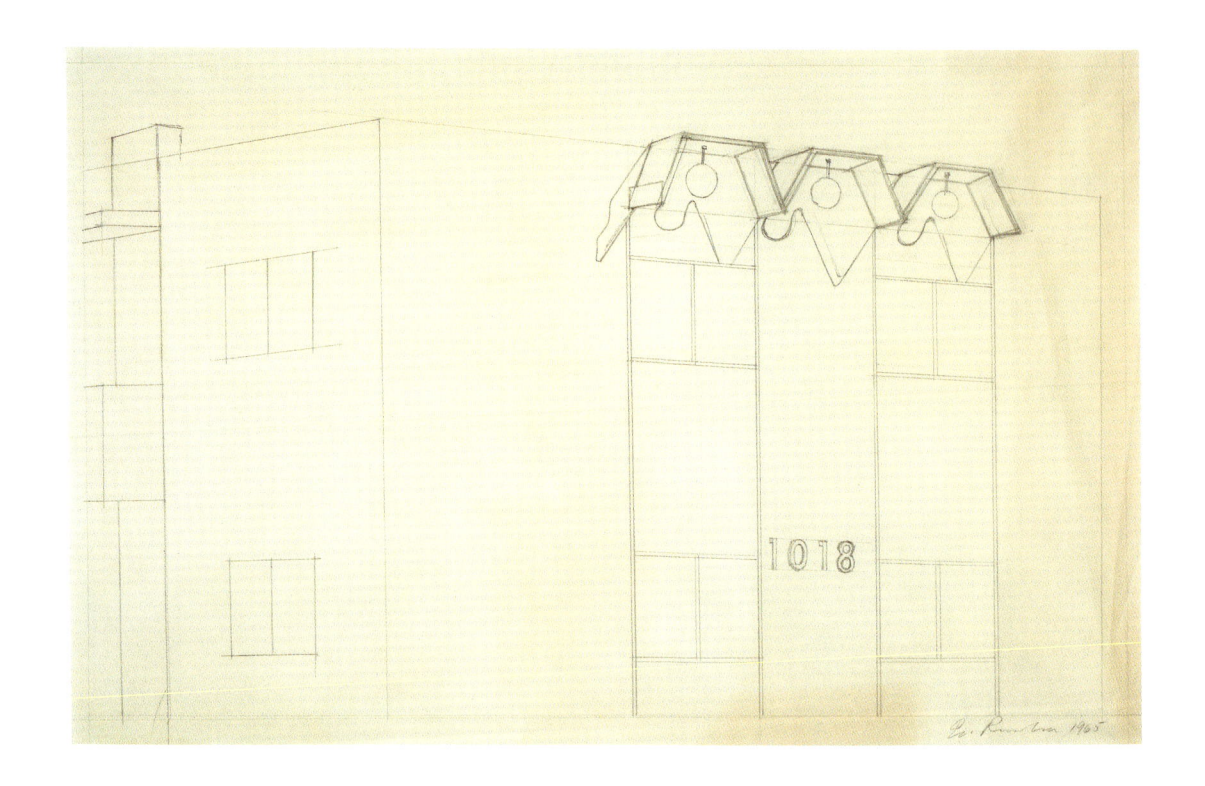

67
Study for Atlantic Boulevard Apartment Building, 1965
Bleistift auf Transparentpapier

Atlantic Boulevard, 1965
Graphitstaub und Bleistift auf Papier

Normandie, 1965 (Kat. 69)
Vorzeichnung: *Study for Normandie Apartment Building*, 1965 (Kat. 68)
Im Photobuch, 1965: »1326 N. Normandie« (Kat. 30)
Originalphotographie: *1326 N. Normandie*, 1965 (Abb. S. 135)
Aufnahmeort: 1326 North Normandie Avenue, Los Feliz

Bei der Reproduktion seiner Aufnahme im Photobuch hat Ruscha den Himmel oben und den Straßenvordergrund unten im Bild deutlich reduziert und dadurch das Format dem quergelagerten Gebäude angepaßt. In der linearen Vorzeichnung ebenso wie in der ausgeführten Graphitzeichnung verzichtet er darüber hinaus auf die Wiedergabe der rechten Seitenfassade und schiebt zudem das Gebäude so weit nach rechts, daß nicht einmal mehr dessen Ecke im Bild Platz findet. Dadurch verliert es jegliches Volumen, obwohl es sich insgesamt nach links perspektivisch verjüngt. Auch von unten beschneidet Ruscha das Bild gegenüber der Reproduktion nochmals und läßt das Haus hier wieder unmittelbar vom Rand der Zeichnung aus aufsteigen. Die in der linearen Zeichnung vollkommen unräumlich wirkende Fassade, welche es nahezu unmöglich macht, zwischen Fenstern und Wandflächen zu unterscheiden, verwandelt sich in der ausgearbeiteten Graphitzeichnung zu einem Spiel von geometrischen Formen aus hellen und dunklen Dreiecken und Rechtecken. Zwar stehen diese Formen für Fenster- und Türöffnungen sowie Schatten, dennoch behält die Fassade eine besonders abstrakte Qualität, sie bleibt in ihrer Substanz ungreifbar. Wie ironische Fremdkörper wirken die drei diagonal auf die geschlossene Wandfläche über dem Eingang gesetzten Kandelaber.

1326 N. Normandie, 1965
Abzug auf Silbergelatinepapier

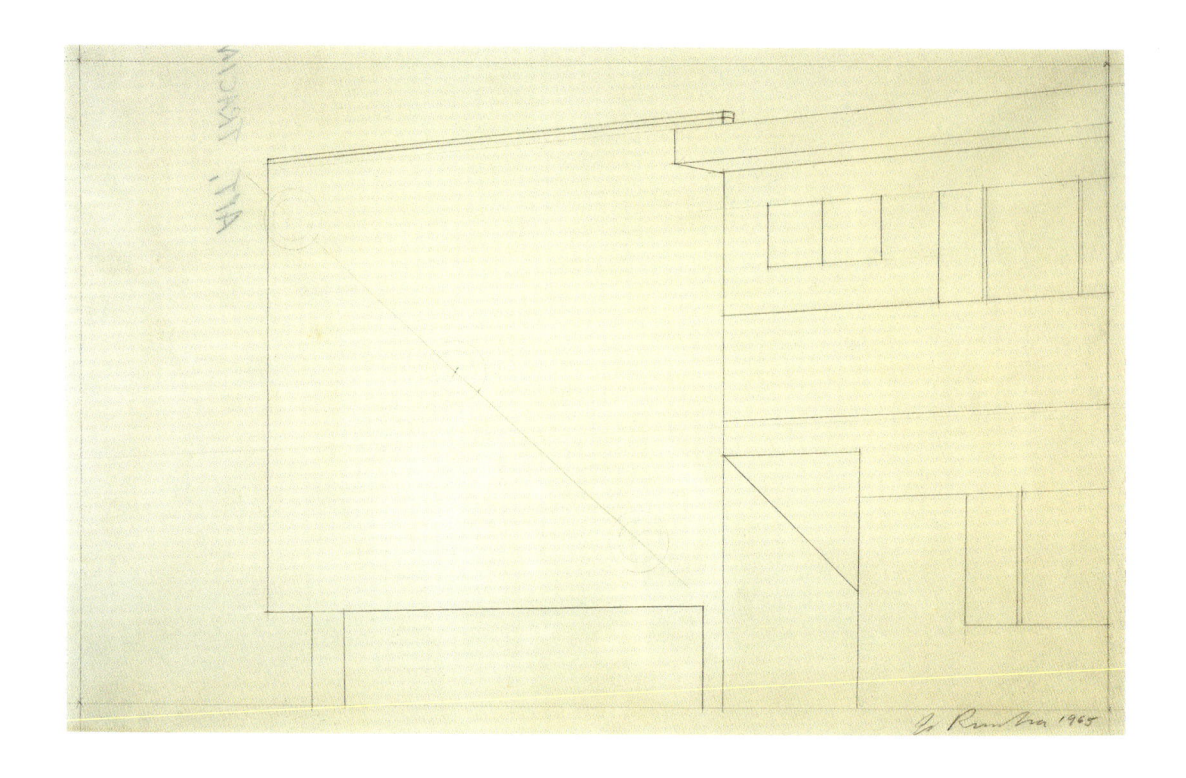

68
Study for Normandie Apartment Building, 1965
Bleistift auf Transparentpapier

69
Normandie, 1965
Graphitstaub und Bleistift auf Papier

Bronson Tropics, 1965 (Kat. 71)
Vorzeichnung: *Study for Bronson Avenue Apartment Building*, 1965 (Kat. 70)
Im Photobuch, 1965: »1323 Bronson« (Kat. 30)
Originalphotographie: *1323 Bronson*, 1965 (Abb. S. 140)
Aufnahmeort: 1323 North Bronson Avenue, Hollywood

Die Aufnahme hat Eingang ins Photobuch gefunden, in dem sie als Querformat reproduziert ist. Von schräg links aufgenommen, die linke Ecke des Gebäudes gerade noch erfassend, ist dafür das Bild in bezug auf die Ansicht des Himmels und noch mehr der Straße stark reduziert worden, die auf dem unbearbeiteten Originalabzug noch einen großen Raum einnimmt. Das Gebäude verkürzt sich perspektivisch nach rechts hin. Ruscha hat beim Photographieren den Blickwinkel so gewählt, daß ein Baum am rechten Bildrand das Ende des quergelagerten Gebäudes verdeckt. Weder dessen rechte Ecke noch das angrenzende Gebäude werden sichtbar. In den beiden Zeichnungen ist der sichteinschränkende Baum selbst zur Hälfte unsichtbar geworden. Indem er mit seiner Mittelachse und besonders anschaulich mit seinem Stamm den Bildrand gleichsam umspielt, vermag er aber immer noch die Grenzen der Sichtbarkeit, die nun nicht mehr durch ein Verdecken, sondern durch ein Abgeschnittenwerden hervorgerufen werden und von denen er selbst betroffen ist, wenn auch nicht zu bewirken, so doch wenigstens zu markieren. Ironischerweise ist in der linearen Bleistiftstudie das verdeckende Prinzip sogar so weit ausgehebelt, daß durch die transparent gezeichnete Baumhälfte hindurch der obere Gebäudesims sichtbar bleibt. Nur die rechte Gebäudekante ist nicht zu sehen, das aber nur wegen des Schnittes.

Ruscha strebt in den Zeichnungen nach einer Gleichbehandlung sämtlicher Gebäudeteile, die in der Graphitversion als Wechsel von hellen und dunklen Streifen zum Tragen kommt: vorne ein heller Fußweg, dann dunkle Garagen, eine helle Fassade, schließlich die Fensterzone, gefolgt von einem schmalen weißen Gesims am Dach. Selbst die Struktur des Gebäudes, dessen Front in Wirklichkeit nach rechts hin stufenweise zurückspringt, kaschiert Ruscha zugunsten des Eindrucks einer sich gleichmäßig verkürzenden, nur auf einer Ebene entfaltenden Fassade. Die durch dünne Stützen unterteilte durchgehende Fensterfront im ersten Stock, deren Segmente in der Aufnahme durch unterschiedliche Jalousien verschiedene Tonhöhen aufweisen, verändert er so, daß die dunklen Bestandteile als schmale Öffnungen in Erscheinung treten, während die verbleibenden Bereiche als Wandflächen gegeben werden.

Eine der beiden weißen Mittelstützen ist sogar als schmaler Streifen in die Wand und deren Oberflächenbeschaffenheit integriert; nur die entferntere Stütze bewahrt eine eigene Qualität. Eine solche Fensterform findet sich tatsächlich an der äußersten rechten Flanke der Fassade, die in der Aufnahme aber durch den Baum überdeckt wird. In den Zeichnungen gibt Ruscha diesen Teil des Gebäudes im ersten Stock als geschlossene Wandfläche wieder. Er wird überhaupt sichtbar zum einen wegen der Transparenz des Baumes in der Bleistiftzeichnung, zum anderen weil in beiden Zeichnungen der Baum im Verhältnis zur Wandpartie verkleinert ist. In der Graphitversion fällt vom näher zur Straße hin gelegenen Nebengebäude links ein breiter Schatten auf das Haus. Auch das vorspringende Dachgesims wirft einen Schatten auf die darunterliegende Wand. Ruscha folgt darin der Aufnahme. Die leeren Einstellplätze im Erdgeschoß wirken wie dunkle Höhlen unbestimmbarer Tiefe. Differenziert modelliert Ruscha den Himmel, der, anders als die gegenüber dem Photobuch noch weiter reduzierte Straße, in etwa wieder eine gleich grosse Fläche über dem Haus einnimmt wie in der Originalphotographie. Mit Ausführung der linearen Zeichnung in Graphit hat die Silhouette des Baumes ihre Härte eingebüßt, die Umrisse zeigen nun einen weichen, vibrierenden Übergang zur Umgebung, der an unscharf wiedergegebene Motive auf Photographien erinnert.

Die Ansicht dieses quergelagerten, durch einen Schriftzug an der Wand Bronson Tropics benannten Gebäudes, das so prominent seine leeren Garagen und Einstellplätze zur Schau stellt, als ob sie tatsächlich eine andere Funktion haben könnten, verrät nichts von seiner realen Dimension. Es scheint sich jedenfalls, eine große Fläche bedeckend, weit in eine unbestimmte Tiefe fortzusetzen. Eigentlich wirkt es wie eine Wohngarage, und dieser groteske Zug, der überhaupt nichts Tropisches vermittelt, mag Ruscha bewogen haben, es zu photographieren.

1323 Bronson, 1965
Abzug auf Silbergelatinepapier

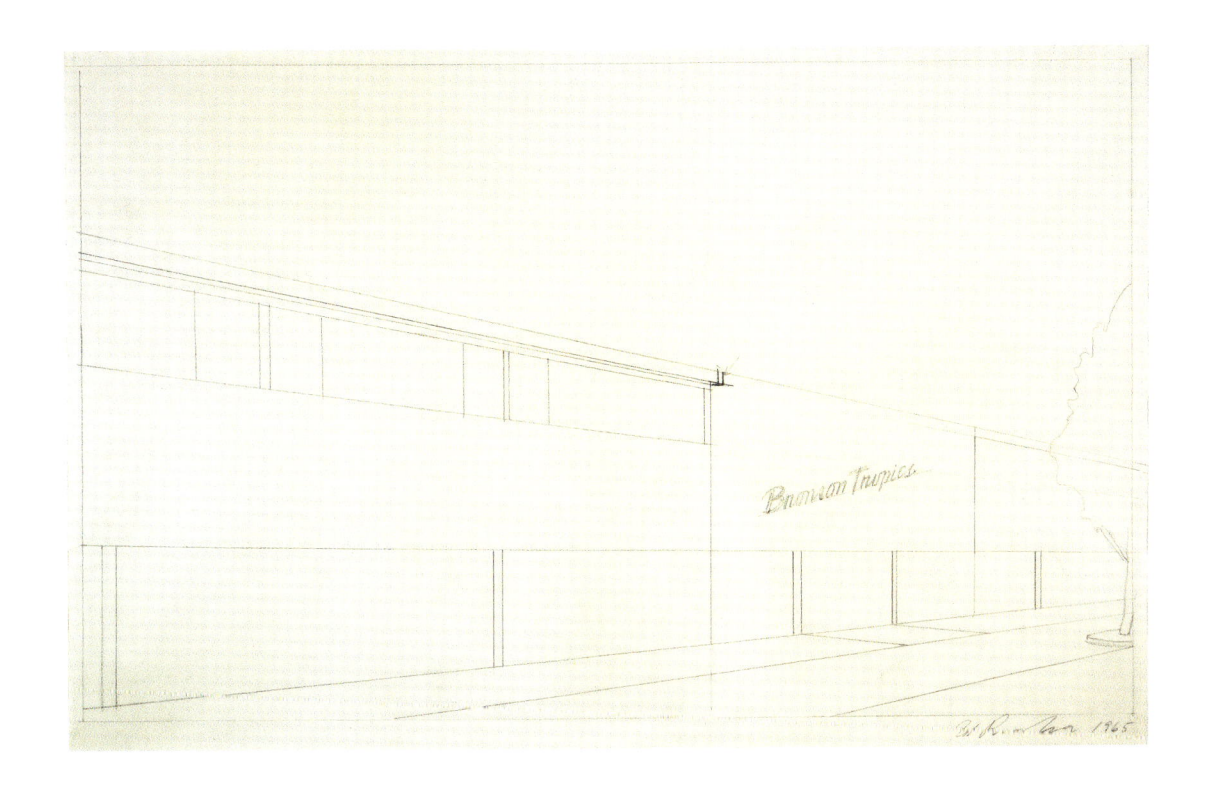

70
Study for Bronson Avenue Apartment Building, 1965
Bleistift auf Transparentpapier

71
Bronson Tropics, 1965
Graphitstaub und Bleistift auf Papier

42

Linden Terrace, 1965/2003
Abzug auf Silbergelatinepapier

Study for Victory Boulevard Apartment Building, 1965
Bleistift auf Transparentpapier

72
Victory Boulevard, 1965
Graphitstaub und Bleistift auf Papier

73

San Fernando Valley, 1965

Graphitstaub und Bleistift auf Papier

Victory Boulevard, 1965 (Kat. 72)
Vorzeichnung: *Study for Victory Boulevard Apartment Building* (Abb. S. 144)
Im Set der Photoedition, 2003: *Linden Terrace* (Kat. 42)
Aufnahmeort: 13919 Burbank Boulevard, Van Nuys (im San Fernando Valley)

San Fernando Valley, 1965 (Kat. 73)
Aufnahmeort: 13919 Burbank Boulevard, Van Nuys (im San Fernando Valley)

Die Graphitzeichnung *Victory Boulevard* läßt sich mit einer Aufnahme von 1965 in Verbindung bringen, die Ruscha 2003 unter dem Titel *Linden Terrace* in seine Photoedition einbezogen hat. Eine entsprechende lineare Vorzeichnung ist durch eine Reproduktion im Besitz des Künstlers belegt, auch wenn ihr gegenwärtiger Verbleib unbekannt ist. Ihr folgt die ausgearbeitete Zeichnung hinsichtlich des sehr reduzierten Bildausschnitts weitgehend, motivisch verzichtet Ruscha dabei zusätzlich auf die Vegetation, die in der Studie rechts unten noch angedeutet ist. Auf den Eingangsbereich desselben Gebäudes dürfte sich außerdem die Graphitzeichnung *San Fernando Valley* beziehen. Mit ihr läßt sich jedoch keine eigene Photographie in Verbindung bringen, und es scheint auch keine lineare Vorzeichnung für sie zu geben. Dies spricht für die These, daß Ruscha hier eine Variante desselben Ausgangsmotives geschaffen hat.
Die Aufnahme für *Linden Terrace* zeigt den Eingangsbereich des durch einen Schriftzug über der Tür auch so benannten Gebäudes von leicht schräg rechts, so daß der Blick durch die über drei Stockwerke hin verglaste Front in den Innenbereich und dort auf die Seitenwand dieses vermutlich als Treppenhaus angelegten Teiles der Architektur fällt. In der Graphitzeichnung *Victory Boulevard* ist wie auch in anderen Beispielen nichts von der Straße oder vom Sockel des Hauses zu sehen, der untere Ansatz des Gebäudes ist in diesem Fall sogar sehr großzügig beschnitten. Ruschas Interesse gilt hier der seltenen Möglichkeit, ins Innere der Architektur zu schauen. Der Blick fällt sogar durch die verglaste Rückwand auf weiter hinten liegende Gebäudekomponenten, die, in der Wiedergabe aber nicht sichtbar, um einen Innenhof und einen Swimmingpool angelegt sind. Der Kontrast zwischen diesem offenen, transparenten Bereich der Fassade und den daneben befindlichen geschlossenen Wandflächen könnte grösser kaum sein. Aber trotz dieser Öffnung und der Offensichtlichkeit, daß es sich hier nur um den Bruchteil eines größeren Gebäudekomplexes handelt, erscheint die Fassade als ein

substanzloses Gebilde, tragen doch die Strukturen der Fenster mit ihren Unterteilungen durch Rahmen ebenso wie die gleich behandelte Eingangstüre dazu bei, den Blick wieder auf die vorderste Bildebene zurückzulenken. Ruscha hat beim Zeichnen auf alles verzichtet, was auf eine Benutzung des Gebäudes, auf ein Leben hinter der Fassade hinweisen könnte. Lediglich die schmalen Fenster zu seiten des großen in der Mitte lassen Vorhänge erahnen, deren lichte Erscheinung sich optisch in unterschiedlicher Helligkeit durch die Scheiben bricht. Zur Geschlossenheit des Gesamteindrucks trägt bei, daß Ruscha den kubischen Aufbau über dem Flachdach weggelassen hat.

In der Graphitzeichnung *San Fernando Valley*, bei der es sich also, wie vermutet, um eine Variation desselben Eingangsbereiches handelt, läßt Ruscha das Gebäude sich perspektivisch nach rechts hin verjüngen und verlegt damit den Betrachterstandpunkt auf die linke Seite. Dieser befindet sich jedoch wesentlich höher als in anderen Zeichnungen. Das große Mittelfenster ist stark verbreitert, durch das man nun von links nach rechts hin auf die so sichtbar werdende entgegengesetzte innere Querwand des insgesamt weniger tiefen Gebäudes schauen kann. Lassen sich in der Photographie Treppenläufe links und rechts erahnen, so handelt es sich hier dagegen um einen vollkommen leeren Raum, der von einer kugelförmigen Lampe beleuchtet werden kann, die ganz oben an der Decke hängt. Die Vorhänge, die hinter zwei schmäleren Fensterbahnen mit Gitterstruktur zu seiten des Mittelfensters sichtbar werden und über alle Stockwerke reichen, unterstreichen noch den Eindruck einer »Fälschung«, das heißt eines Gebäudes, das so gar nicht existieren kann und wohl auch tatsächlich nicht existiert. In den beiden Zeichnungen wirken die Architekturen und ihre Bestandteile vollkommen unmateriell. Man gewinnt den Eindruck von Scherenschnitten, dünnen, transparenten Papieren, die auf eine Unterlage aufgeklebt sind. Wenn Ruscha in einem der Titel also – wohl nicht unabsichtlich – mit einem falschen Straßennamen arbeitet, insofern als sich das Ausgangsmotiv zwar im San Fernando Valley, jedoch nicht am Victory Boulevard befindet, dann verdoppelt er damit die Täuschung in »ehrlicher« Weise.

ZUSAMMENFASSUNG

Die Graphitzeichnungen der *Los Angeles Apartments* nähern sich in ihrer Monochromie Schwarzweißphotographien an. Das Zeichenmaterial, der Graphitstaub, der auf das Papier aufgerieben wird, besitzt durch seine Struktur ein der Photographie verwandtes Erscheinungsbild, bei welcher das Korn je nach Filmempfindlichkeit bei einer Vergrößerung mehr oder weniger deutlich in Erscheinung treten kann. Durch Verwendung von Fixiermittel sind bei den Zeichnungen gelegentlich glänzende Oberflächen entstanden, welche besonders in den schwarzen Partien deutlich hervortreten. Sie erinnern ihrerseits an Abzüge auf Photopapier. Der dichte Einsatz des Farbmittels hat dazu beigetragen, daß man bisweilen irrtümlicherweise von Lavierungen, also einem Aquarell vergleichbaren, wäßrigen Aufträgen von Grau oder Schwarz gesprochen hat.

Die Photographie bildet einerseits eine Voraussetzung für die Zeichnungen, indem sie mit ihren Aufnahmen die architektonischen Motive geliefert hat, doch hat auch beim Zeichenvorgang selbst, wie bei der Photographie, der Umgang mit Licht und Projektion eine Rolle gespielt. In der Kamera wird das einfallende Licht durch Linsen fokussiert und das Motiv über einen Spiegel auf die Mattscheibe projiziert, wo es als getrübtes Bild seitenverkehrt sichtbar wird. Schon beim Betrachten der Mattscheibe läßt sich also eine Reduktion der natürlichen Farbigkeit feststellen. Und wenn die Linsen nicht ganz scharf eingestellt sind, kommt ein Eindruck von Diffusität und nicht klar abgrenzbaren Flächen hinzu. Auch Ruschas mit Hilfe eines Episkops gefertigten Bleistiftvorzeichnungen beruhen auf einem Projektionsverfahren. Dabei bearbeitete der Künstler die auf Transparentpapier geworfenen Bilder. Und die auf dem Papier sich ergebende diffuse Erscheinung der Motive kehrt dann in den Graphitzeichnungen als ästhetische Qualität wieder. Diese sind also über einen der Photographie nicht unähnlichen Transformationsprozeß entstanden, bei dem die linearen Vorzeichnungen eine Zwischenstufe darstellen. Indem in Anlehnung an das Erscheinungsbild von Photographien die Linearität der Studien bei deren Ausführung in Graphit wieder zurückgenommen wird, treten die Flächen betont hervor, das Nebeneinander heller und dunkler, sich voneinander absetzender, geometrischer Formen, was an konstruktivistische Gemälde denken läßt. Zugleich werden alle Dinge entmaterialisiert. Die Motive der Zeichnungen haben sich also nicht in einem Akt der Erfindung und auch nicht im Arbeiten nach der Natur entwickelt, sondern durch Spiegelung auf eine weiße Fläche. Diese ist durch eine dünne Einfassungslinie begrenzt. Man könnte sagen, daß diese umrissene Fläche ein monochromes Gemälde definiert. Im Sinne einer Verweigerung traditioneller Malerei wird auf die monochrome Fläche eine andere Malerei projiziert, generiert durch die Photographie als neues Medium.[50] Eine Reduktion der Farben läßt sich in vielen Werken von Ruscha beobachten, so auch in *Large Trademark with Eight Spotlights* (Abb. S. 50) und *Standard Station, Amarillo, Texas* (Abb. S. 51).

Aus »einfach« gehaltenen Photoaufnahmen, die bewußt mit einer gewissen Beliebigkeit bis hin zur Sorglosigkeit im Sinne einer Amateurtätigkeit ausgeführt sind, entstehen nun ästhetisierte und idealisierte, zugleich aber irreale Bilder. Ruschas Zeichnungen sind menschenleer, was sich zwar schon bei den Photographien selbst feststellen ließ, nun aber wird jedes Leben, jeder Hinweis auf Kommunikation und auch die Zeit ausgeblendet. Sie sind völlig zeitlos, manche sogar ortlos, wenn Ruscha Hausnummern wegläßt, Straßen oder Orte »verwechselt«, Häuser bisweilen neu erfindet. Selbst der Künstler tritt nicht durch seine Handschrift hervor. Allenfalls in den Pflanzen, die Ruscha ins Bild setzt, klingt eine Erinnerung an lebendige Natur an, doch sind diese Bäume und Sträucher zu schemenhaften Silhouetten reduziert. Dies entspricht durchaus der Vorstellung von einer reduktionistischen Malerei und Zeichnung, in der, wie in einem monochromen Bild, das ohne Figuren auskommen muß, keine Handlung oder Erzählung möglich ist. Die Zeichnungen tendieren regelrecht zu Chiffren, sie dokumentieren nicht, sondern verbildlichen gerade das Gegenteil dessen, was die Photographie bereithält und für sich beanspruchen kann. Diese verleiht einem bestimmten Zeitpunkt, dem Zufälligen, dem Flüchtigen, dem Momentanen Dauer, hält Architekturen fest und zugleich all jene erzählerischen Einzelheiten, welche damit verbunden sein können, wie parkende Autos oder Wolken am Himmel. So setzt der Künstler mit den beiden Medien auch unterschiedliche Modi ein, um die Häuser von zwei Seiten her zu »beleuchten«. Dabei kommt den Zeichnungen traditionell die Seite der schönen Kunst zu. Den Photographien jedoch haftet die Idee des Photojournalismus und der Photodokumentation an, nicht aber die eines auf Ästhetik bedachten, autonomen Kunstwerks. Das Stilmittel ist in beiden Fällen das der Parodie oder der Übertreibung. So wie die Photographien in Ruschas Buch den Betrachter und dessen Erwartungen »enttäuschen«, brechen die Zeichnungen mit der traditionellen Vorstellung von Zeichnung und Malerei. Die Graphitzeichnungen wirken vielmehr wie ideale Photographien. Ihre Motive sind ausgewogen komponiert, in Ausschnitten nahe an den Betrachter herangerückt, »gezoomt«, und alles

»Störende«, Autos, Telephon- und Stromleitungen, ist entfernt. Die Photographien hingegen, die ihre Motive weitgehend unangetastet lassen, können doch schonungslos sein im bildlichen Zugriff bis zur Respektlosigkeit, welche wiederum Züge von distanzierter Beliebigkeit annehmen kann. Beide Darstellungsweisen bringen so die Entfremdung der Menschen gegenüber ihrer Umwelt und sich selbst zum Ausdruck. Die Graphitzeichnungen sind abstrakte und realistische Bilder zugleich, die dem Reich der Imagination entstammen. Es sind entmaterialisierte Traumbilder, die sich dem Betrachter immer wieder entziehen, obwohl sie sich auf die Photographie berufen. Sie sind letztlich ungreifbar, scheinen nur aus Licht und Schatten zu bestehen, nur auf der Oberfläche des Papieres zu existieren. Ruschas *Los Angeles Apartments* werden so zu Zeichen einer Wohnkultur, die unter Vortäuschung von Individualität und mit uneinlösbaren Versprechungen der Austauschbarkeit und Beliebigkeit das Wort redet. Sie sind daher einfach das, was sie darstellen: Fassaden. »Los Angeles ist für mich wie eine Reihe von Ladenfronten – von der Straße ausgehende senkrechte Flächen –, und da ist fast nichts hinter diesen Fassaden. Es ist alles Fassade hier. Das ist es, was mich an dieser Stadt überhaupt interessiert, ihre Fassadenhaftigkeit.«[51]

ANMERKUNGEN

[1] Siehe zu diesen späteren Editionen Stefan Gronert, »Reality is not totally real«. Die Infragestellung des Sichtbaren in der zeitgenössischen Fotografie«, in: *Große Illusionen. Thomas Demand, Andreas Gursky, Edward Ruscha*, Ausst.-Kat. Kunstmuseum Bonn und Museum of Contemporary Art, North Miami, 1999, S. 12–31, bes. S. 15.

[2] Zit. nach John Coplans, »Concerning 'Various Small Fires': Edward Ruscha Discusses His Perplexing Publications«, in: *Artforum* 5/III, Februar 1965, S. 25.

[3] Zit. nach Sylvia Wolf, *Ed Ruscha and Photography*, Ausst.-Kat. Whitney Museum of American Art, New York 2004, S. 257.

[4] Zu Ruschas Ausbildung und frühen Photographien siehe ebd., S. 14–35; ferner Margit Rowell, »Cotton Puffs, Q-Tips®, Smoke and Mirrors: The Drawings of Ed Ruscha«, in: Margit Rowell, *Cotton Puffs, Q-Tips®, Smoke and Mirrors: The Drawings of Ed Ruscha*, Ausst.-Kat. Whitney Museum of American Art, New York, The Museum of Contemporary Art, Los Angeles, und National Gallery of Art, Washington, 2004/05, S. 12.

[5] Siehe zu diesen Photographien Wolf, wie Anm. 3, S. 37–99.

[6] Siehe die Photographien, katalogisiert in: *Ed Ruscha, Photographer*, Ausgabe mit dt. Textbeilage, Ausst.-Kat. Jeu de Paume, Paris, Kunsthaus Zürich und Museum Ludwig, Köln, 2006, S. 158–160, o. Nr., dazu Taf. 16–22.

[7] Siehe die Photographien, katalogisiert in: ebd., o. Nr., dazu Taf. 23, 25–28, 30–31, 33, 39–42, 45–49 und 52.

[8] Siehe bes. die Photographien, katalogisiert in: ebd., S. 158 f., o. Nr., dazu Taf. 54 und 56.

[9] Siehe die Photographien, katalogisiert in: ebd., S. 158 f., o. Nr., dazu Taf. 6, 8 und 39–42.

[10] Siehe zu dieser Photographie ebd., S. 159, o. Nr., dazu Taf. 46.

[11] Siehe zu diesen Werken Wolf, wie Anm. 3, S. 101–109. Die Abzüge auf Silbergelatinepapier aus der genannten (siehe die Beispiele, katalogisiert in: ebd., Nr. 115–120 jeweils mit Abb.) wie auch diejenigen aus einer späteren Edition von 2003 mit dem Titel *Seven Products* weisen hochrechteckige Formate – 1999 von circa dreizehneinhalb auf zehneinhalb Zoll, 2003 von dreizehn auf zehn Zoll – auf, so daß im Vordergrund dunkle Streifen sichtbar werden. Weitere Abzüge von 2005 haben dagegen ein quadratisches Format von fünf auf fünf Zoll erhalten, indem die dunkle Zone ausgespart wurde (katalogisiert in: Ausst.-Kat. Paris/Zürich/Köln, wie Anm. 6, S. 160 f., o. Nr., dazu Taf. 57–68.).

[12] Vgl. Wolf, wie Anm. 3, S. 15.

[13] Vgl. ebd., S. 16. Siehe hierzu auch Alexandra Schwartz, *Ed Ruscha's Los Angeles*, Cambridge und London 2010, S. 26–47.

[14] Zum Kontext dieser Werke siehe ebd., S. 15–19; ferner Wolf, wie Anm. 3, S. 21.

[15] Für eine Ansicht der Präsentation in der Ferus Gallery siehe ebd., Abb. 114.

[16] Zit. nach Henri Man Barendse, »Ed Ruscha: An Interview«, in: *Afterimage* 7/VIII, Februar 1981, S. 9.

[17] Siehe zu diesen Werken *Edward Ruscha: Editions, 1959–1999; Catalogue Raisonné*, Ausst.-Kat. Walker Art Center, Minneapolis, Los Angeles County Museum of Art und University of South Florida Contemporary Art Museum, Tampa, 1999/2000, Nr. B1–B17 jeweils in Bd. I und II.

[18] Zit. nach Coplans, wie Anm. 2.

[19] Vgl. Clive Phillpot, »Sixteen Books and Then Some«, in: Ausst.-Kat. Minneapolis/Los Angeles/Tampa, wie Anm. 17, Bd. II, S. 60.

[20] Vgl. Beatrice von Bismarck, »Ausstellungen, Agenten und Aufmerksamkeit. In den Räumen der Bücher Ruschas«, in: Yilmaz Dziewior (Hrsg.), *Reading Ed Ruscha*, Ausst.-Kat. Kunsthaus Bregenz 2012, S. 58 f.

[21] Vgl. ebd., S. 56.

[22] Siehe etwa die Werke, katalogisiert in: Ausst.-Kat. Paris/Zürich/Köln, wie Anm. 6, S. 162 und 167, o. Nr., dazu Taf. 87–89; Ausst.-Kat. New York/Los Angeles/

Washington, wie Anm. 4, Nr. 21–22 jeweils mit Taf.; Wolf, wie Anm. 3, Nr. 134 mit Abb. Siehe hierzu auch von Bismarck, wie Anm. 20, S. 54, Abb., und S. 61, Abb.

[23] Ebd., S. 57.

[24] Jeff Wall, »'Marks of Indifference': Aspects of Photography in, or as, Conceptual Art«, in: Ann Goldstein und Anne Rorimer, *Reconsidering the Object of Art, 1965–1975*, Ausst.-Kat. The Museum of Contemporary Art, Los Angeles 1995, dt. Fassung: »Zeichen der Indifferenz: Aspekte der Photographie in der, oder als, Konzeptkunst«, übers. von Christoph Hollender, in: Jeff Wall, *Szenarien im Bildraum der Wirklichkeit. Essays und Interviews*, hrsg. von Gregor Stemmrich, Amsterdam und Dresden 1997, S. 431.

[25] Vgl. Schwartz, wie Anm. 13, S. 122. Zur Rezeption der Photobücher siehe *Various Small Books, Referencing Various Small Books by Ed Ruscha*, zusammengestellt von Jeff Brouws, Wendy Burton und Hermann Zschiegner, Text von Phil Taylor mit einem Aufsatz von Mark Rawlinson, Cambridge und London 2013, und die Ausstellung *Ed Ruscha: Books & Co*, Gagosian Gallery, New York, 5. März – 27. April 2013.

[26] Vgl. Schwartz, wie Anm. 13, S. 125.

[27] Vgl. dagegen Barbara Rose, die 1963, im Jahr des Erscheinens von *Twentysix Gasoline Stations*, mit Blick auf die Ausstellung *New Painting of Common Objects* im Pasadena Art Museum die junge amerikanische Kunst weniger als einen Neodadaismus denn einen neuen, unabhängigen Dadaismus versteht (»Dada Then and Now«, in: *Art International* 1/VII, 25. Januar 1963, S. 23–28, zu Ruscha als »Roscher«).

[28] Vgl. von Bismarck, wie Anm. 20, S. 58.

[29] Siehe etwa Bernhard von Breydenbachs 1486 bei Erhard Reuwich in Mainz erschienenes Buch *Peregrinatio in terram sanctam* mit seinen zahlreichen Holzschnitten und zwei Leporellos, von dem eines eine Ansicht von Venedig, das andere eine Heiliglandkarte zeigend.

[30] Siehe etwa das von Franz Schmid (1796–1851) gezeichnete und den Gebrüdern Eglin (gegründet 1819) gedruckte *Panorama vom Rothorn an der Grenze der Cantone Bern, Luzern und Unterwalden*, ein aus vier Bögen zusammengesetztes Leporello in einem circa 20,8 auf 12 Zentimeter großen Buch im mit marmoriertem Papier bezogenen Originalschuber, Exemplar im Kunstmuseum Basel, Kupferstichkabinett, Inv. 2010.92.

[31] Zum Firmenlogo siehe »20th Century Fox«, auf: *Wikipedia. Die freie Enzyklopädie*, de.wikipedia.org/wiki/20th_Century_Fox. Ursprünglich wurde das Logo in der Filmversion mittels eines aus mehreren Schichten bestehenden Glasgemäldes animiert.

[32] Zit. nach Bonnie Clearwater, »Edward Ruscha: Quand les mots deviennent formes«, aus dem Englischen übers. von Brice Matthieussent, in: *Art Press* 137, Juni 1989, S. 22.

[33] Zu diesem Vorgang hat sich Ruscha 1981 geäußert: »Hollywood ist ein Verb für mich. Es ist etwas, das man mit jedem beliebigen Gegenstand oder Ding tun kann. Man kann geradewegs etwas aus Grand Rapids in Michigan nehmen … und es hollywoodisieren. Es geschieht mit Autos, es geschieht mit allem möglichen, was hergestellt wird.« (In: *L.A. Suggested by the Art of Edward Ruscha*, Film, 28 min, Produktion und Regie Gary Conklin, Mystic Fire Video, 1981, Transkription in: Ed Ruscha, *Leave Any Information at the Signal: Writings, Interviews, Bits, Pages*, hrsg. von Alexandra Schwartz, Cambridge und London 2004, S. 221). Siehe hierzu auch Schwartz, wie Anm. 13, S. 99–115.

[34] Zit. nach Wolf, wie Anm. 3, S. 264 f.

[35] Zit. nach Clearwater, wie Anm. 32. Auch der deutsche Constantin Filmverleih hat für den Auftritt seines Logos in den frühen sechziger Jahren die strahlenförmige Projektion eines Schriftzuges verwendet, die in ihrem Fall von einem Punkt in der Mitte ausging. Es ist jedoch nicht bekannt, ob Ruscha dieses Logo damals gekannt hat.

[36] Zum Beispiel hat Julius Schulmann 1941 zur Eröffnung des Laurel Theatre in Los Angeles eine Photographie von

riesenhaften, in den dunklen Nachthimmel strahlenden Scheinwerfern aufgenommen (siehe zu diesem Werk Sam Lubell und Douglas Woods, *Julius Schulmann: Los Angeles; The Birth of a Modern Metropolis*, New York 2011, Abb. S. 161).

37 Zit. nach Wolf, wie Anm. 3, S. 264.

38 Vgl. Margit Rowell, »Ed Ruscha, Photographer«, in: Ausst.-Kat. Paris/Zürich/Köln, wie Anm. 6, deutsche Fassung: »Ed Ruscha – Photograph«, übers. von Karl Hoffmann, in: ebd., Beilage, S. 14.

39 Den Gedanken einer an perspektivischen Verhältnissen orientierten Projektion eines Schriftzugs in Verbindung mit dessen Drehung verfolgte Ruscha auch 1969 in seinen Siebdrucken *Double Standard* (Engberg 32–33).

40 Ralph Rugoff, »Heavenly Noises«, in: *Ed Ruscha: Fifty Years of Painting*, Ausst.-Kat. Hayward Gallery, London 2009, S. 26, Anm. 11.

41 Siehe etwa die Zeichnungen, katalogisiert in: Ausst.-Kat. New York/Los Angeles/Washington, wie Anm. 4, Nr. 79–80, 82 und 85 jeweils mit Taf.

42 Zum Hollywood-Zeichen und zum Selbstmord von Peg Entwistle siehe Schwartz, wie Anm. 13, S. 103; ferner »Hollywood Sign«, auf: *Wikipedia. Die freie Enzyklopädie*, de.wikipedia.org/wiki/Hollywood_Sign, bzw. »Peg Entwistle«, auf: ebd., de.wikipedia.org/wiki/Peg_Entwistle.

43 Ruscha in: *L.A. Suggested*, wie Anm. 33, S. 220.

44 Robert Venturi mit Denise Scott Brown und Steven Izenour, *Learning from Las Vegas*, Cambridge und London 1972, überarb. Ausgabe: *Learning from Las Vegas: The Forgotten Symbolism of Architectural Form*, Cambridge und London 1977. Siehe hierzu auch Schwartz, wie Anm. 13, S. 143–146.

45 Dan Graham, »Homes for America: Early 20th-Century Possessable House to the Quasi-discrete Cell of '66«, in: *Arts Magazine* [2–]3/XLI, Dezember/Januar 1966/67, S. 21 f. Ein für diese Veröffentlichung vom Künstler selbst geschaffenes, dann nicht verwendetes, aber 1970 von ihm in einer Neufassung aus Textfahnen und den Photographien erstelltes Klebelayout (siehe zu diesem Werk Marianne Brouwer mit Rhea Anastas [Hrsg.], *Dan Graham. Werke 1965–2000*, Ausst.-Kat. Museu de Arte Contemporânea de Serralves, Porto, Musée d'Art moderne de la Ville de Paris, Kröller-Müller Museum, Otterlo, Nykytaiteen museo Kiasma/Museet för nutidskonst Kiasma, Helsinki, und Kunsthalle Düsseldorf 2001/02, bei Nr. 9.1, Abb. S. 105; ferner Birgit Pelzer, Mark Francis und Beatriz Colomina, *Dan Graham*, London 2001, S. 11–13, Taf. mit Legende; siehe zum Originallayout Alexander Alberro, »Reductivism in Reverse«, in: *Tracing Cultures: Art History, Criticism, Critical Fiction*, New York 1994, S. 25, Anm. 5, und S. 6, Frontispiz) hat Graham in verschiedenen Kontexten veröffentlicht (katalogisiert in: Ausst.-Kat. Porto/Paris/ Otterlo u. a., wie Anm. 45, Nr. 9.1) und für eine separate Edition direkt reproduziert (mit vermutlich zu früher Datierung katalogisiert in: Wolf, wie Anm. 3, Nr. 156 mit Abb.; siehe zu diesem Werk auch Ausst.-Kat. Porto/ Paris/Otterlo u. a., Nr. 9.1, Anm.). Die Diaschau ist katalogisiert in: ebd., Nr. 9 mit Abb.

46 Siehe hierzu Richard Marshall, *Edward Ruscha: Los Angeles Apartments, 1965*, Ausst.-Kat. Whitney Museum of American Art, New York 1990, S. 10 sowie Abb. S. 51 und Abb. S. 53 f.

47 Ebd., S. 11.

48 Wall, wie Anm. 24, S. 429 f.

49 Vgl. Rowell, wie Anm. 38, Beilage, S. 18.

50 Zur Verbindung von Reduktionismus und Photojournalismus als Neuansatz experimenteller Kunst in den sechziger Jahren siehe Jeff Wall, »Monochrome and Photojournalism in On Kawara's 'Today Paintings'« (Vortrag, DIA Center for the Arts, New York 1993), in: Lynne Cooke und Karen Kelly (Hrsg.), *Robert Lehman Lectures on Contemporary Art*, Bd. I, New York 1996, dt. Fassung: »Monochromie und Photojournalismus in On Kawaras Today Paintings«, übers. von Astrid Böger, in: Wall, *Szenarien*, wie Anm. 24, S. 339–374, zu Ruscha S. 359.

51 Ruscha in: *L.A. Suggested*, wie Anm. 33, S. 223 f.

Die Internetquellen wurden zuletzt am 7.5.2013 verifiziert.

BIOGRAPHIE

Ed Ruscha arbeitet in Culver City im Western Los Angeles County in Kalifornien. Dabei ist er als Maler, Zeichner, Graphiker, Photograph und Filmemacher tätig.

Ruscha wurde 1937 in Omaha in Nebraska geboren. Von Oklahoma City aus, wo sich die Familie 1941 niedergelassen hatte, zog er 1956 nach Los Angeles. Hier erhielt er am Chouinard Art Institute eine Ausbildung zum Werbegraphiker, bei der er auch Kurse in Photographie und Malerei belegte. Im Herbst 1962 nahm er an der für die Etablierung der Pop Art in Amerika legendären Ausstellung *New Painting of Common Objects* teil, die Walter Hopps für das Pasadena Art Museum organisiert hatte. Ruschas erste Einzelausstellung fand 1963 in der Ferus Gallery in Los Angeles statt.

Sein Werk ist international ausgestellt und mehrfach in Retrospektiven gewürdigt worden, so zum Beispiel 1982/83 durch das San Francisco Museum of Modern Art in Kooperation mit anderen bedeutenden amerikanischen Museen, 1989/90 im Centre Georges Pompidou in Paris und 2000 – 03 in einer weltweit gezeigten Ausstellung, die in The Hirshhorn Museum and Sculpture Garden in Washington ihren Ausgang nahm. 2009/10 veranstalteten die Londoner Hayward Gallery, das Haus der Kunst in München und Moderna Museet in Stockholm eine Retrospektive seiner Gemälde mit dem Titel *Ed Ruscha: Fifty Years of Painting*. Das Kunsthaus Bregenz widmete dem Künstler 2012 eine retrospektive Ausstellung, die sein Interesse an Büchern, Typographie und dem Akt des Lesens in den Mittelpunkt rückte.

Im Jahr 2001 wurde Ruscha zum Mitglied der Abteilung Bildende Kunst der American Academy of Arts and Letters gewählt. 2005 vertrat er die Vereinigten Staaten von Amerika auf der 51. Kunstausstellung von *La biennale di Venezia*.

VERWENDETE KÜRZEL FÜR WERKVERZEICHNISSE

Dean
Robert Dean (Gesamthrsg. laut Bd. I und Hrsg. Bd. II–V), Pat Poncy (Hrsg. Bd. I), Erin Wright (Mithrsg. Bd. II–III) und Lisa Turvey (Hrsg. Bd. IV–V), *Edward Ruscha: Catalogue Raisonné of the Paintings*, bislang 5 Bde., New York und Göttingen 2003–2012

Engberg
Edward Ruscha: Editions, 1959–1999; Catalogue Raisonné, 2 Bde., mit »Catalogue Raisonné«, bearb. von Siri Engberg, Ausst.-Kat. Walker Art Center, Minneapolis, Los Angeles County Museum of Art und University of South Florida Contemporary Art Museum, Tampa, 1999/2000 (Titel und Erscheinungsform für beide Bde. nur in Bd. II, Bd. I ohne eigenes Titelblatt und Impressum)

KATALOG DER AUSGESTELLTEN WERKE UND WEITERE ABBILDUNGEN

Abb. S. 4 (nicht ausgestellt)
Contact sheet for Some Los Angeles Apartments, 1965
Abzug auf Silbergelatinepapier und Markierungen in Wachs
Blatt: 9 13/16 x 7 7/8 in. (25,4 x 20,3 cm)
Besitz des Künstlers

Abb. S. 12 (nicht ausgestellt)
3327 Division (Sun-Maid/Ford), 1962
Tinte und Graphit auf Papier
18 x 14 in. (45,5 x 35,6 cm)
Privatsammlung

Abb. S. 15 (nicht ausgestellt)
Actual Size, 1962
Öl auf Leinwand
71 3/4 x 67 in. (182,2 x 170,2 cm)
Los Angeles County Museum of Art
Dean P1962.06

1
Twentysix Gasoline Stations, 1963
Buch, 48 Seiten mit 26 Reproduktionen von Photographien
Erschienen 1963 im Eigenverlag und in späteren Folgeauflagen
Offsetdruck in Schwarz auf weißem Papier
Geschlossen: 7 1/16 x 5 1/2 x 3/16 in. (17,9 x 14 x 0,5 cm)
Exemplar im Besitz des Künstlers
Engberg D1

2
Save, Flagstaff, Arizona, 1962
Von *Twentysix Gasoline Stations*
Abzug auf Silbergelatinepapier
Blatt und Bild: 5 x 7 1/16 in. (12,7 x 17,9 cm)
Whitney Museum of American Art, New York; purchase, with funds from The Leonard and Evelyn Lauder Foundation, and Diane and Thomas Tuft 2004.489

3
Fina, Amarillo, Texas, 1962
Von *Twentysix Gasoline Stations*
Abzug auf Silbergelatinepapier
Blatt und Bild: 4 15/16 x 5 1/8 in. (12,5 x 13 cm)
Whitney Museum of American Art, New York; purchase, with funds from The Leonard and Evelyn Lauder Foundation, and Diane and Thomas Tuft 2004.491

4
Phillips 66, Grants, New Mexico, 1962
Von *Twentysix Gasoline Stations*
Abzug auf Silbergelatinepapier
Blatt: 5 x 7 in. (12,7 x 17,8 cm)
Bild: 5 x 5 5/16 in. (12,7 x 13,5 cm)
Whitney Museum of American Art, New York; purchase, with funds from The Leonard and Evelyn Lauder Foundation, and Diane and Thomas Tuft 2004.493

5
Self Service, Milan, New Mexico, 1962
Von *Twentysix Gasoline Stations*
Abzug auf Silbergelatinepapier
Blatt und Bild: 4 11/16 x 5 in. (11,9 x 12,7 cm)
Whitney Museum of American Art, New York; purchase, with funds from The Leonard and Evelyn Lauder Foundation, and Diane and Thomas Tuft 2004.470

6
Bob's Service, Los Angeles, California, 1962
Von *Twentysix Gasoline Stations*
Abzug auf Silbergelatinepapier
Blatt und Bild: 4 7/8 x 5 1/8 in. (12,4 x 13 cm)
Whitney Museum of American Art, New York; purchase, with funds from The Leonard and Evelyn Lauder Foundation, and Diane and Thomas Tuft 2004.465

7
Standard, Rimmy Jim's, Arizona, 1962
Von *Twentysix Gasoline Stations*
Abzug auf Silbergelatinepapier
Blatt und Bild: 3 1/8 x 4 7/8 in. (7,9 x 12,4 cm)
Whitney Museum of American Art, New York; purchase, with funds from The Leonard and Evelyn Lauder Foundation, and Diane and Thomas Tuft 2004.469

8
Union 76, Holbrook, Arizona, 1962
Von *Twentysix Gasoline Stations*
Abzug auf Silbergelatinepapier
Blatt und Bild: 4 13/16 x 5 1/8 in. (12,2 x 13 cm)
Whitney Museum of American Art, New York; purchase, with funds from The Leonard and Evelyn Lauder Foundation, and Diane and Thomas Tuft 2004.495

9
Standard, Figueroa Street, Los Angeles, 1962
Von *Twentysix Gasoline Stations*
Abzug auf Silbergelatinepapier
Blatt: 4 15/16 x 5 15/16 in. (12,5 x 15,1 cm)
Bild: 4 7/8 x 5 3/4 in. (12,4 x 14,6 cm)
Whitney Museum of American Art, New York; purchase, with funds from The Leonard and Evelyn Lauder Foundation, and Diane and Thomas Tuft 2004.482

10
Conoco, Albuquerque, New Mexico, 1962
Von *Twentysix Gasoline Stations*
Abzug auf Silbergelatinepapier
Blatt und Bild: 4 11/16 x 5 in. (11,9 x 12,7 cm)
Whitney Museum of American Art, New York; purchase, with funds from The Leonard and Evelyn Lauder Foundation, and Diane and Thomas Tuft 2004.471

11
Fina, Tucumcari, New Mexico, 1962
Von *Twentysix Gasoline Stations*
Abzug auf Silbergelatinepapier
Blatt: 4 15/16 x 6 15/16 in. (12,5 x 17,6 cm)
Bild: 4 3/4 x 5 5/16 in. (12,1 x 13,5 cm)
Whitney Museum of American Art, New York; purchase, with funds from The Leonard and Evelyn Lauder Foundation, and Diane and Thomas Tuft 2004.488

12
Phillips 66, Flagstaff, Arizona, 1962
Von *Twentysix Gasoline Stations*
Abzug auf Silbergelatinepapier
Blatt: 4 13/16 x 4 3/4 in. (12,2 x 12,1 cm)
Bild: 4 11/16 x 4 11/16 in. (11,9 x 11,9 cm)
Whitney Museum of American Art, New York; purchase, with funds from The Leonard and Evelyn Lauder Foundation, and Diane and Thomas Tuft 2004.467

13
Conoco, Shamrock, Texas, 1962
Von *Twentysix Gasoline Stations*
Abzug auf Silbergelatinepapier
Blatt: 4 15/16 x 6 15/16 in. (12,5 x 17,6 cm)
Bild: 4 3/4 x 6 1/4 in. (12,1 x 15,9 cm)
Whitney Museum of American Art, New York; purchase, with funds from The Leonard and Evelyn Lauder Foundation, and Diane and Thomas Tuft 2004.473

14
Shell, Daggett, California, 1962
Von *Twentysix Gasoline Stations*
Abzug auf Silbergelatinepapier
Blatt und Bild: 4 11/16 x 5 in. (11,9 x 12,7 cm)
Whitney Museum of American Art, New York; purchase, with funds from The Leonard and Evelyn Lauder Foundation, and Diane and Thomas Tuft 2004.466

15
Mobil, Gallup, New Mexico, 1962
Von *Twentysix Gaoline Stations*
Abzug auf Silbergelatinepapier
Blatt: 4 15/16 x 6 15/16 in. (12,5 x 17,6 cm)
Bild: 4 15/16 x 6 9/16 in. (12,5 x 16,7 cm)
Whitney Museum of American Art, New York; purchase, with funds from The Leonard and Evelyn Lauder Foundation, and Diane and Thomas Tuft 2004.464

16
Mobil, Kingman, Arizona, 1962
Von *Twentysix Gasoline Stations*
Abzug auf Silbergelatinepapier
Blatt (unregelmäßig): 5 x 5 15/16 in. (12,7 x 15,1 cm)
Bild: 4 13/16 x 5 7/8 in. (12,2 x 14,9 cm)
Whitney Museum of American Art, New York; purchase, with funds from The Leonard and Evelyn Lauder Foundation, and Diane and Thomas Tuft 2004.463

17
Bay Oil Service, near Grants, New Mexico, 1962
Von *Twentysix Gasoline Stations*
Abzug auf Silbergelatinepapier
Blatt und Bild: 3 1/8 x 4 7/8 in. (7,9 x 12,4 cm)
Whitney Museum of American Art, New York; purchase, with funds from The Leonard and Evelyn Lauder Foundation, and Diane and Thomas Tuft 2004.490

18
Standard Station, Amarillo, Texas, 1962
Von *Twentysix Gaoline Stations*
Abzug auf Silbergelatinepapier
Blatt und Bild: 4 15/16 x 5 1/16 in. (12,5 x 12,9 cm)
Whitney Museum of American Art, New York; purchase, with funds from The Leonard and Evelyn Lauder Foundation, and Diane and Thomas Tuft 2004.461

19
Beeline Gas, Holbrook, Arizona, 1962
Von *Twentysix Gasoline Stations*
Abzug auf Silbergelatinepapier
Blatt und Bild: 4 9/16 x 4 5/8 in.
(11,6 x 11,7 cm)
Whitney Museum of American Art, New York; purchase, with funds from The Leonard and Evelyn Lauder Foundation, and Diane and Thomas Tuft 2004.487

20 (nicht abgebildet)
Every Building on the Sunset Strip, 1966
Buch in Leporelloform mit zwei zusammenhängenden Reproduktionen von Photographien
Erschienen 1966 im Eigenverlag und in wenigstens einer späteren Folgeauflage
Offsetdruck in Schwarz auf weißem Papier, gefaltet und geklebt
Geschlossen: 7 x 5 5/8 x 3/8 in.
(17,8 x 14,3 x 1 cm)
Geöffnet: 299 1/2 in. (760,7 cm)
Exemplar im Besitz des Künstlers
Engberg B4

Abb. S. 44 f. (nicht ausgestellt)
Camera-ready mock-up for the book *Every Building on the Sunset Strip*, 1966
Photographien (Abzüge auf Silbergelatinepapier), Tinte und Papier auf Karton
Drei Bögen, jeweils 25 x 36 1/2 in.
(63,5 x 92,7 cm); abgebildet Bogen 1 und 3
Privatsammlung

Abb. S. 50 (nicht ausgestellt)
Large Trademark with Eight Spotlights, 1962
Öl auf Leinwand
66 3/4 x 13 1/4 in.
(169,5 x 338,5 cm)
Whitney Museum of American Art, New York; purchase with funds from the Mrs. Percy Uris Purchase Fund; 85.41
Dean P1962.11

Abb. S. 51 (nicht ausgestellt)
Standard Station, Amarillo, Texas, 1963
Öl auf Leinwand
64 1/2 x 121 3/4 in.
(163,8 x 309,2 cm)
Hood Museum of Art, Dartmouth College, Hanover, New Hampshire
Dean P1963.01

21 (nicht abgebildet)
Nine Swimming Pools and a Broken Glass, 1968
Buch, 64 Seiten mit 10 Reproduktionen von Photographien
Erschienen 1968 im Eigenverlag und in einer späteren Folgeauflage
Vierfarben-Offsetdruck auf weißem Papier
Geschlossen: 7 1/8 x 5 1/2 x 3/16 in.
(18,1 x 14 x 0,5 cm)
Exemplar im Besitz des Künstlers
Engberg B8

22 (nicht abgebildet)
Real Estate Opportunities, 1970
Buch, 48 Seiten mit 25 Reproduktionen von Photographien
Erschienen 1970 im Eigenverlag
Offsetdruck in Schwarz auf weißem Vicksburg-Velinpapier
Geschlossen: 7 1/16 x 5 1/2 x 3/16 in. (17,9 x 14 x 0,5 cm)
Exemplar im Besitz des Künstlers
Engberg B12

23 (nicht abgebildet)
Various Small Fires and Milk, 1964
Buch, 48 Seiten mit 16 Reproduktionen von Photographien
Erschienen 1964 im Eigenverlag und in einer späteren Folgeauflage
Offsetdruck in Schwarz mit gelbem Lacküberzug auf weißem Vicksburg-Velinpapier
Geschlossen: 7 1/16 x 5 1/2 x 3/16 in. (17,9 x 14 x 0,5 cm)
Exemplar im Besitz des Künstlers
Engberg B2

24
Trademark, 1962
Tinte auf Papier
8 x 14 3/8 in. (20,3 x 36,5 cm)
The Museum of Modern Art, New York; gift of the artist, 1999; accession number: 398.1999

25
Trademark # 5, 1962
Öl, Tempera, Tinte und Bleistift auf Papier
7 1/4 x 12 7/8 in. (18,4 x 32,7 cm)
Tate: Purchased 1999; T07510

26
Standard Study # 2, 1962
Deckende Wasserfarbe, Feder in schwarzer Tinte und Graphit auf Papier
Sheet: 5 3/8 x 10 1/8 in.
(13,7 x 25,7 cm)
Whitney Museum of American Art, New York; gift of the American Contemporary Art Foundation, Inc., Leonard A. Lauder, President 2005.64

27
Standard Study # 3, 1963
Tempera und Tinte auf Papier
10 5/8 x 17 11/16 in.
(27,9 x 45,7 cm)
Tate and National Galleries of Scotland. Acquired jointly through The d'Offay Donation with assistance from the National Heritage Memorial Fund and the Art Fund 2008; AR00050

Abb. S. 56 (nicht ausgestellt)
Standard/Shaded Ballpoint, 1962
Kugelschreiber und Bleistift auf Pauspapier
10 1/4 x 13 3/4 in. (26 x 34,9 cm)
Privatsammlung

28
View of the Big Picture, 1963
Triptychon aus drei separaten Blättern
Farbstifte mit Feder in schwarzer Tinte über Graphit auf Velinpapier
Blätter jeweils: 21 7/16 x 17 11/16 in. (55,8 x 45,8 cm)
National Gallery of Art Washington; gift of the Woodward Foundation, Washington, D.C., 1976; 1976.56.172 (B-28962), 1976.56.194 (B-28962), 1976.56.195 (B-28962)

Abb. S. 62 (nicht ausgestellt)
Angle Study, Large Trademark, 1962
Kreide auf Papier
16 7/8 x 13 7/8 in. (42,9 x 35, 2 cm)
Sammlung John und Frances Bowes, San Francisco

Abb. S. 63 (nicht ausgestellt)
20-20-20, 1962
Tempera auf Papier
13 3/4 x 17 in. (34,9 x 43,2 cm)
Privatsammlung

29
Hollywood Study # 8, (1968)
Gouache, ausgeschnittenes und aufgeklebtes Papier, Kohle und Bleistift auf Papier
7 x 21 3/4 in. (17,5 x 55,5 cm)
The Museum of Modern Art, New York; gift of the artist; 1999; accession number 396.1999

30
Some Los Angeles Apartments, 1965
Buch, 48 Seiten mit 34 Reproduktionen von Photographien
Erschienen 1965 im Eigenverlag und in einer späteren Folgeauflage
Offsetdruck in Schwarz auf weißem Vicksburg-Velinpapier
Geschlossen: 7 1/8 x 5 5/8 x 3/16 in. (18,1 x 14,3 x 0,5 cm)
Exemplar im Besitz des Künstlers
Engberg B3

31–55
Twentyfive Apartments, 1965/2003
Edition von 25 Photographien
Abzüge auf Silbergelatinepapier
Blätter jeweils: 9 13/16 x 7 14/16 in. (25,2 x 20,2 cm)
Bilder jeweils: 7 3/8 x 7 3/8 in. (18,7 x 18,7 cm)
Epreuve d'artiste V/V (bei einer Auflage von 8 Exemplaren)
Kunstmuseum Basel
Inv. G 2011.11

31
Americana
Inv. G 2011.11,1

32
The Fourteen Hundred
Inv. G 2011.11,2

33
The Continental
Inv. G 2011.11,3

34
Golden Gardens
Inv. G 2011.11,4

35
Bay Arms
Inv. G 2011.11,5

36
Oakwood Gardens
Inv. G 2011.11,6

37
The Prospector
Inv. G 2011.11,7

38
Twin Palms
Inv. G 2011.11,8

39
St. Tropez
Inv. G 2011.11,9

40
Rodeo Manor
Inv. G 2011.11,10

41
Beverly Manor Apartments
Inv. G 2011.11,11

42
Linden Terrace
Inv. G 2011.11,12

43
Mature Manor
Inv. G 2011.11,13

44
The Vogue
Inv. G 2011.11,14

45
1516 Sargent Place
Inv. G 2011.11,15

46
969 North Mariposa
Inv. G 2011.11,16

47
Rosemead
Inv. G 2011.11,17

48
6753 Selma Avenue
Inv. G 2011.11,18

49
279 South Avenue 54
Inv. G 2011.11,19

50
3017-3011 West Rowena Ave.
Inv. G 2011.11,20

51
2106-2108 South Beverly Glen Blvd.
Inv. G 2011.11,21

52
858 South Devon
Inv. G 2011.11,22

53
Beverly Sycamore
Inv. G 2011.11,23

54
10401 Wilshire
Inv. G 2011.11,24

55
Doheny Towers
Inv. G 2011.11,25

Abb. S. 105 (nicht ausgestellt)
818 Doheny Dr., 1965
Von *Some Los Angeles Apartments*
Abzug auf Silbergelatinepapier
Blatt: 4 13/16 x 4 3/4 in.
(12,2 x 12,1 cm)
Bild: 4 5/8 x 4 5/8 in.
(11,7 x 11,7 cm)
Whitney Museum of American Art, New York; purchase, with funds from The Leonard and Evelyn Lauder Foundation, and Diane and Thomas Tuft 2004.526

56
Study for Doheny Drive Apartment Building, 1965
Bleistift auf Transparentpapier
14 9/16 x 23 1/4 in. (37,9 x 59,3 cm)
Kunstmuseum Basel, Kupferstichkabinett; erworben mit einem Beitrag der Freunde des Kunstmuseums Basel und des Museums für Gegenwartskunst; Inv. 2011.153

57
Doheny Drive, 1965
Graphitstaub und Bleistift auf Papier
13 3/4 x 22 7/16 in.
(35,6 x 57,2 cm)
Donald B. Marron, New York

58
Study for Unidentified Apartment Building, 1965
Bleistift auf Transparentpapier
14 15/16 x 23 5/8 in.
(38,7 x 60,8 cm)
Kunstmuseum Basel, Kupferstichkabinett; erworben mit einem Beitrag der Freunde des Kunstmuseums Basel und des Museums für Gegenwartskunst; Inv. 2011.159

Abb. S. 112 (nicht ausgestellt)
10401 Wilshire Blvd., 1965
Von *Some Los Angeles Apartments*
Abzug auf Silbergelatinepapier
Blatt: 5 x 5 in. (12,7 x 12,7 cm)
Bild: 4 5/8 x 4 5/8 in. (11,7 x 11,7 cm)
Whitney Museum of American Art, New York; purchase, with funds from The Leonard and Evelyn Lauder Foundation, and Diane and Thomas Tuft 2004.531

59
Wilshire Boulevard, 1965
Graphitstaub und Bleistift auf Papier
14 1/8 x 22 5/8 in. (35,9 x 57,5 cm)
Courtesy Gagosian Gallery

Abb. S. 115 (nicht ausgestellt)
708 S. Barrington Ave., 1965
Von *Some Los Angeles Apartments*
Abzug auf Silbergelatinepapier
Blatt: 5 x 4 15/16 in.
(12,7 x 12,5 cm)
Bild: 4 11/16 x 4 3/4 in.
(11,9 x 12,1 cm)
Whitney Museum of American Art, New York; purchase, with funds from The Leonard and Evelyn Lauder Foundation, and Diane and Thomas Tuft 2004.537

60
Study for Barrington Avenue Apartment Building, 1965
Bleistift auf Transparentpapier
14 15/16 x 24 in.
(38,1 x 61,2 cm)
Kunstmuseum Basel, Kupferstichkabinett; erworben mit einem Beitrag der Freunde des Kunstmuseums Basel und des Museums für Gegenwartskunst; Inv. 2011.155

61
Barrington Avenue, 1965
Graphitstaub und Bleistift auf Papier
13 3/4 x 21 5/8 in.
(35,6 x 55,9 cm)
Privatsammlung

Abb. S. 119 (nicht ausgestellt)
2014 S. Beverly Glen Blvd., 1965
Von *Some Los Angeles Apartments*
Abzug auf Silbergelatinepapier
Blatt und Bild: 4 1/2 x 4 1/2 in.
(11,4 x 11,4 cm)
Privatsammlung

62
Study for Beverly Glen Apartment Building, 1965
Bleistift auf Transparentpapier
14 9/16 x 23 1/4 in.
(37,8 x 59,2 cm)
Kunstmuseum Basel, Kupferstichkabinett; erworben mit einem Beitrag der Freunde des Kunstmuseums Basel und des Museums für Gegenwartskunst; Inv. 2011.158

63
Beverly Glen, 1965
Graphitstaub und Bleistift auf Papier
Blatt: 14 1/8 x 22 5/8 in.
(35,7 x 57,3 cm)
Bild: 13 x 21 1/4 in.
(33 x 54,6 cm)
The Hirshhorn Museum and Sculpture Garden, Smithsonian Institution, Washington, D.C.; The Joseph H. Hirshhorn Bequest, 1981; accession number 86.4080

Abb. S. 123 (nicht ausgestellt)
1850 S. Thayer Ave., 1965
Von *Some Los Angeles Apartments*
Abzug auf Silbergelatinepapier
Blatt: 5 x 5 in. (12,7 x 12,7 cm)
Bild: 4 5/8 x 4 5/8 in. (11,7 x 11,7 cm)
Whitney Museum of American Art, New York; purchase, with funds from The Leonard and Evelyn Lauder Foundation, and Diane and Thomas Tuft 2004.532

64
Study for Thayer Avenue Apartment Building, 1965
Bleistift auf Transparentpapier
14 15/16 x 23 5/8 in.
(38,1 x 60,8 cm)
Kunstmuseum Basel, Kupferstichkabinett; erworben mit einem Beitrag der Freunde des Kunstmuseums Basel und des Museums für Gegenwartskunst; Inv. 2011.157

65
Thayer Avenue, 1965
Graphitstaub und Bleistift auf Papier
Blatt (unregelmäßig):
13 3/4 x 22 7/16 in.
(35,6 x 57,4 cm)
Bild (unregelmäßig):
13 x 21 1/4 in. (33 x 54,6 cm)
The Hirshhorn Museum and Sculpture Garden, Smithsonian Institution, Washington, D.C.; The Joseph H. Hirshhorn Bequest, 1981; accession number 86.4079

66
Study for St. Tropez Apartment Building, 1965
Bleistift auf Transparentpapier
14 15/16 x 23 1/4 in. (38 x 59,2 cm)
Kunstmuseum Basel, Kupferstichkabinett; erworben mit einem Beitrag der Freunde des Kunstmuseums Basel und des Museums für Gegenwartskunst; Inv. 2011.154

Abb. S. 131 (nicht ausgestellt)
1018 S. Atlantic Blvd., 1965
Von *Some Los Angeles Apartments*
Abzug auf Silbergelatinepapier
Blatt: 4 15/16 x 4 15/16 in.
(12,5 x 12,5 cm)
Bild: 4 5/8 x 4 5/8 in.
(11,7 x 11,7 cm)
Whitney Museum of American Art, New York; purchase, with funds from The Leonard and Evelyn Lauder Foundation, and Diane and Thomas Tuft 2004.527

67
Study for Atlantic Boulevard Apartment Building, 1965
Bleistift auf Transparentpapier
14 15/16 x 24 in. (38,1 x 61,2 cm)
Kunstmuseum Basel, Kupferstichkabinett; erworben mit einem Beitrag der Freunde des Kunstmuseums Basel und des Museums für Gegenwartskunst; Inv. 2011.156

Abb. S. 133 (nicht ausgestellt)
Atlantic Boulevard, 1965
Graphitstaub und Bleistift auf Papier
14 15/16 x 24 in. (38,1 x 61,2 cm)
Privatsammlung

Abb. S. 135 (nicht ausgestellt)
1326 N. Normandie, 1965
Von *Some Los Angeles Apartments*
Abzug auf Silbergelatinepapier
Blatt: 4 15/16 x 5 in. (12,5 x 12,7 cm)
Bild: 4 5/8 x 4 5/8 in. (11,7 x 11,7 cm)
Whitney Museum of American Art, New York; purchase, with funds from The Leonard and Evelyn Lauder Foundation, and Diane and Thomas Tuft 2004.529

68
Study for Normandie Apartment Building, 1965
Bleistift auf Transparentpapier
14 15/16 x 24 in. (38 x 61,2 cm)
Kunstmuseum Basel, Kupferstichkabinett; erworben mit einem Beitrag der Freunde des Kunstmuseums Basel und des Museums für Gegenwartskunst; Inv. 2011.151

69
Normandie, 1965
Graphitstaub und Bleistift auf Papier
14 1/8 x 22 1/2 in. (36 x 57,2 cm)
The Museum of Modern Art, New York; purchased with funds given by Agnes Gund, Mr. and Mrs. James R. Hedges, IV, Jo Carole and Ronald S. Lauder and the General Drawings Fund, 2000; accession number: 118.2000

Abb. S. 140 (nicht ausgestellt)
1323 Bronson, 1965
Von *Some Los Angeles Apartments*
Abzug auf Silbergelatinepapier
Blatt: 5 x 5 in. (12,7 x 12,7 cm)
Bild: 4 11/16 x 4 3/4 in.
(11,9 x 12,1 cm)
Whitney Museum of American Art, New York; purchase, with funds from The Leonard and Evelyn Lauder Foundation, and Diane and Thomas Tuft 2004.528

70
Study for Bronson Avenue Apartment Building, 1965
Bleistift auf Transparentpapier
14 15/16 x 13 5/8 in. (38,1 x 60,7 cm)
Kunstmuseum Basel, Kupferstichkabinett; erworben mit einem Beitrag der Freunde des Kunstmuseums Basel und des Museums für Gegenwartskunst; Inv. 2011.152

71
Bronson Tropics, 1965
Graphitstaub und Bleistift auf Papier
14 x 21 1/8 in. (35,5 x 57,3 cm)
The Cleveland Museum of Art; purchase from the J.H. Wade Fund; 1998.114

Abb. S. 144 (nicht ausgestellt)
Study for Victory Boulevard Apartment Building, 1965
Bleistift auf Transparentpapier
14 7/8 x 24 in. (37,8 x 61 cm)
Verbleib unbekannt

72
Victory Boulevard, 1965
Graphitstaub und Bleistift auf Papier
14 1/8 x 22 5/8 in. (35,9 x 57,5 cm)
Courtesy Gagosian Gallery

73
San Fernando Valley, 1965
Graphitstaub und Bleistift auf Papier
Blatt: 14 1/2 x 22 1/2 in.
(36,8 x 57,2 cm)
Whitney Museum of American Art, New York; gift of the American Contemporary Art Foundation, Inc., Leonard A. Lauder, President 2005.45